LE LEADER POSITIF®

Groupe Eyrolles
61, bd Saint-Germain
75240 Paris Cedex 05

www.editions-eyrolles.com

Enregistrements audio proposés en téléchargement :

Les enregistrements audio sont accessibles en téléchargement à l'adresse suivante : http://www.editions-eyrolles.com/dl/56395.

Ce service est délivré à titre gratuit. Les émetteurs se réservent le droit de retirer ou de modifier cette possibilité sans préavis et en cas d'utilisations qui s'avéreraient sans commune mesure avec les ventes du livre. Les documents disponibles à télécharger restent la propriété de l'auteur qui les met à la disposition du lecteur pour son usage personnel ; en retour celui-ci s'engage à ne pas les diffuser ou à en faire un usage commercial sans l'accord de l'auteur et de l'éditeur.

Yves Le Bihan

LE LEADER POSITIF®

Psychologie positive et neurosciences :
les nouvelles clés du dirigeant

EYROLLES

À Sophie,
Anaé, Alexandre, Arthur.

SOMMAIRE

TABLE DES 12 MÉDITATIONS GUIDÉES

À télécharger à l'adresse suivante :
http://www.editions-eyrolles.com/dl/56395.

EN BONUS :

Je savoure le positif (chapitre 3)

Je visualise l'idéal (chapitre 4)

Ce qui compte vraiment pour moi (chapitre 5)

Je S.T.O.P. face au stress (chapitre 7)

AVANT-PROPOS

Après un parcours de vingt ans dans l'industrie des produits de grande consommation, Yves cofonde en 2006 le cabinet ANGEL Consulting. Il accompagne de nombreux dirigeants de grands groupes, d'ETI et d'organisations, dans leurs défis de transformation.

Répondant à un appel intérieur profond, Yves médite quotidiennement depuis plus de dix ans. Il a décidé de consacrer son énergie à aider les dirigeants à se transformer, afin de réussir la transformation de leur organisation vers un modèle plus épanouissant, performant, solidaire et responsable. Il cofonde ainsi l'Institut français du leadership positif (IFLP), le think & do tank de l'exploration des nouveaux modèles de leadership et de la transformation des dirigeants et de leur organisation. Sa vision : « positive leaders for a better world ». Yves est à l'origine du modèle du Leader positif, basé sur cinq années de recherches scientifiques et de programmes pionniers en entreprises. Son modèle s'appuie sur trois piliers : la pratique de la méditation de pleine conscience (ou *mindfulness*), la science de la psychologie positive et les neurosciences cognitives.

Entouré des meilleurs chercheurs français et américains dans leurs domaines (parmi lesquels le professeur Sonja Lyubomirsky du Positive Psychology Lab, University California Reverside, le professeur Mihaly Csikszentmihalyi de Claremont Graduate University, le professeur Kim Cameron de la Ross School of Business, University of Michigan, Robert Biswas Diener...), l'IFLP réunit dirigeants, DRH, enseignants, philosophes pionniers, tous « explorateurs audacieux », désireux de réinventer les règles du leadership et de la transformation des entreprises. Ses recherches scientifiques portent notamment sur : les nouvelles formes de reconnaissance au travail (gratitude, attention), l'affirmation de ses valeurs au travail et ses effets sur l'affirmation de soi, le bien-être et la satisfaction, les conditions et impacts de la pratique de pleine conscience (sur le stress, bien-être, qualité de présence et d'attention, flexibilité psychologique, créativité et résilience, authenticité et intégrité), la posture de Leader positif et ses liens avec la transformation des individus et des organisations, ainsi qu'avec la révolution digitale.

L'IFLP intervient sous forme de conférences, d'ateliers d'expérimentation ou de parcours d'accompagnement, notamment pour : Apicil, Babolat, Laboratoire Baxter, Bel, BNP Paribas, Caisse des Dépôts, Danone, Jacobs Douwe Egberts, Orange, Pepsico, Sanofi, Sanofi Pasteur, SNCF, Steelcase, Xerox, ANDRH, Chaire ESSEC du changement, Entreprise et Progrès, Great Place to Work, HEC Alumni, l'International Coach Federation, le Congrès HR, le Forum de l'économie positive...

Yves est également le créateur de la Nuit de l'entreprise positive qui réunit plusieurs centaines de dirigeants et d'entrepreneurs.

Il forme à différents programmes de pleine conscience en entreprises (dont le programme MBSR : *Mindfulness-Based Stress Reduction*) et anime les séminaires « Sagesse et leadership » pour dirigeants en France et à l'étranger.

Yves est diplômé de Sciences Po Paris et d'HEC, chercheur assistant à la Chaire ESSEC du changement. Il vit entre Paris et Lyon où il s'est installé avec sa femme et ses trois enfants.

INTRODUCTION

> *« Les deux jours les plus importants de votre vie*
> *sont celui où vous êtes né et celui où vous comprenez pourquoi. »*
>
> Mark Twain

Nos organisations suivent comme elles peuvent le change-ment à grande vitesse de notre monde. En revanche, nos dirigeants sont restés figés, pour la plupart, au siècle précédent dans leur mode de leadership. Le constat est sans appel. Or, il y a urgence car la révolution numérique ne fait pas de pause. Réinventer son modèle économique en permanence ou risquer de disparaître ? Baigner dans la complexité et le chaos ou couler ? Accepter de partager le pouvoir horizontal ou s'isoler au sommet de sa tour ? Réduire les distances professionnelles et sociales et savoir relier, ou sombrer dans le désarroi, l'individualisme et l'épuisement ? Croire à l'incroyable puissance de l'intelligence collective ou se leurrer à croire détenir seul les solutions de demain ? Continuer à manipuler la langue de bois et faire croire à un avenir prometteur ou tenir un langage d'espoir lucide ? Subir la dictature du « toujours plus », plus vite, pour une minorité, ou miser sur le temps long et la juste répartition des richesses ? Afficher de belles valeurs sans jamais les incarner dans ses actes ou adopter un leadership courageux, authentique, intègre ? Jouer les super-héros en travaillant 16 heures par jour et risquer l'arrêt cardiaque, ou apprendre à se régénérer et à recharger ses batte-ries ? Continuer à nier le besoin de quête spirituelle des individus ou proposer une vision porteuse de sens profond ? Les modèles de leadership qui ne donnent pas toute sa place à l'humain et ses extraordinaires possibilités vont disparaître. Alors, comment réinventer le leadership ?

Demain, le leadership sera positif. C'est une voie possible. Notre conviction va plus loin : c'est par sa propre transformation que le dirigeant réussira celle de son organisation. Parce qu'une organisation et une culture de travail positives sont les meilleurs ingrédients pour réussir les transformations perpétuelles qui arrivent par vagues successives. Parce qu'une voie vers la réconciliation entre performance économique, humaine et environnementale est non seulement possible, mais hautement souhaitable.

QUELS OUTILS POUR LE LEADER POSITIF®[1] ?

Le modèle du Leader positif repose sur trois disciplines porteuses : les neurosciences cognitives, la science de la psychologie positive et la pleine conscience (ou *mindfulness*). En les combinant pour la première fois et en s'appuyant sur les dernières avancées scientifiques, l'Institut français du leadership positif propose une approche puissante et inédite dans la recherche de l'excellence en matière de transformation et de leadership. Objectif : équiper les leaders de compétences et d'outils révolutionnaires pour transformer leurs collaborateurs en agents du changement positif.

Dans un langage accessible, clair, appuyé par de nombreux exemples de dirigeants et d'entreprises positifs, l'auteur offre de nouvelles clés opérationnelles pour réussir la transformation des organisations tout en créant les conditions de leur performance et de l'épanouissement de leurs collaborateurs. Cet ouvrage révèle des concepts inédits, propose un autodiagnostic pour suivre ses propres transformations, des exercices simples et courts (10 à 15 minutes), des exemples de pratiques innovantes de leadership, ainsi que les toutes dernières preuves scientifiques pour aider le dirigeant à se transformer et à transformer efficacement son organisation. Les dimensions du Leader positif abordées dans ce livre sont les suivantes :

- réinventer le leadership, bâtir l'entreprise positive, s'intéresser à la psychologie positive et à la méditation de pleine conscience,

---

1. La marque « Leader Positif » a été enregistrée à l'Institut national de la propriété intellectuelle par l'Institut français du leadership positif le 1er avril 2015.

lâcher le perfectionnisme, faire son autodiagnostic (chapitre 1 « Se transformer ») ;

- développer la conscience de soi, l'attention ouverte et la présence authentique, déjouer les pièges de nos pensées, s'initier à la méditation de pleine conscience pour incarner un leadership plus authentique (chapitre 2 « Rester présent ») ;

- comprendre et cultiver l'optimisme, explorer le possible, capitaliser sur les points forts pour imaginer et construire demain (chapitre 3 « Cultiver l'optimisme ») ;

- mobiliser ses forces et ses valeurs personnelles, révéler sa nature profonde, lâcher l'armure du leader héroïque, agir selon ses valeurs, rétablir ses priorités (chapitre 4 « Devenir soi ») ;

- utiliser les émotions positives pour créer des connexions constructives et empathiques, se rendre vulnérable, favoriser une culture positive et collaborative, s'entraîner aux conversations profondes (chapitre 5 « Tisser du lien ») ;

- analyser et savoir exprimer sa gratitude, pratiquer l'autocompassion, muscler sa résilience, encourager la générosité et l'entraide pour diriger aussi avec le cœur (chapitre 6 « Oser la bonté ») ;

- devenir un décathlonien de la transformation, apprivoiser le stress, piloter son énergie et recharger ses quatre batteries : régénérer son cerveau, son corps, repérer et répondre à ses *warnings* émotionnels, et veiller à assouvir sa quête spirituelle (chapitre 7 « Se régénérer »).

Ce livre propose également un programme exclusif d'entraînement à la méditation, sous forme de fichiers audio à télécharger, à pratiquer au bureau, afin de soutenir le leader dans sa transformation. Le lecteur tirera davantage profit en combinant lecture et méditation, l'une nourrissant l'autre.

Le lecteur pourra ainsi aborder avec un œil neuf et enthousiaste ses enjeux de transformation numérique, de changement organisationnel, de santé et bien-être, de prise de décision juste et assumée, d'engagement et de performance durable et responsable. Les nouvelles clés proposées l'aideront à mieux répondre à l'environnement chaotique et complexe, et à repenser son modèle d'entreprise. Des réponses opérationnelles, innovantes, accessibles et inspirantes lui permettront de comprendre et d'incarner les attitudes et les comportements d'un dirigeant positif, préalable absolu à une organisation positive, engagée, éthique et performante. Cela lui permettra de révéler le meilleur et le possible en chacun de ses collaborateurs. Enfin, ce livre est conçu comme un *carnet de voyage intérieur*, un allié précieux du dirigeant dans son cheminement personnel vers un leadership éclairé.

Le Leader positif est un modèle expérimental et ouvert de leadership et d'organisation, conçu et développé par l'Institut français du leadership positif (IFLP) et ses partenaires, sur la base de cinq années de recherches scientifiques et validé par de nombreuses expérimentations en entreprise. Mais comme tout modèle ouvert, il se transformera lui aussi en se frottant aux mutations incessantes de l'environnement économique et social de nos organisations.

PARTI PRIS

J'ai écrit ce livre par égoïsme. En imaginant le livre que j'aurais aimé lire et utiliser dans mon merveilleux métier qu'est l'accompagnement des dirigeants. Un livre qui me parle d'idées nouvelles, enthousiasmantes, inspirantes, profondes. Qui me donne, dans un langage clair et facile à comprendre, des clés concrètes pour réfléchir (sur moi, mon organisation, la société) et surtout agir (me mettre en mouvement, tenter, explorer).

J'ai écrit ce livre aussi par conviction. Ayant accompagné certains dirigeants (heureusement pas tous) enfermés dans leurs croyances, pétris de certitudes et d'arrogance, incapables de se transformer, n'osant pas mobiliser leurs qualités naturelles de cœur, je suis intimement convaincu que bon nombre de verrous qu'ils pointent dans leur organisation doivent d'abord sauter en eux-mêmes. Combien de fois ai-je entendu de la bouche de leurs collaborateurs : « Ce serait bien que nos dirigeants s'appliquent d'abord ces principes (du Leader positif). » Le succès de la transformation d'une organisation passe par la transformation réussie de son dirigeant. En même temps, j'ai énormément de respect pour le rôle de dirigeant, devenu schizophrénique : être écartelé entre la dictature du court terme et l'obligation de penser à long terme en plein brouillard, jouer collectif tout en s'appuyant sur les meilleurs, montrer le cap sans montrer ses failles, conjuguer autonomie et responsabilité, vouloir être soi-même le plus souvent et en même temps respecter les jeux de pouvoir et de représentation, être bien entouré mais se sentir souvent seul…

J'ai écrit enfin ce livre par altruisme. Intimement persuadé qu'il peut, modestement, servir l'intérêt de millions d'individus au travail, trop souvent en souffrance. À condition que leurs dirigeants, eux aussi, acceptent de cultiver ces vertus naturellement et universellement présentes en chacun d'eux : l'altruisme et la compassion.

Probablement que de nombreuses idées ou exemples exposés dans ce livre illustrent le bon sens ou l'évidence. Mais avoir du bon sens ne veut pas dire passer à l'acte. C'est ce à quoi devrait nous engager ce livre. Il se veut aspirationnel, et non donneur de leçons. Il se propose tel un miroir, bienveillant mais sans concession, sur votre chemin parcouru et celui à parcourir. Il a pour vocation d'inspirer un champ d'action du possible pour le leader souhaitant changer de paradigme : partir de soi, de son intériorité vers l'extérieur (ses collaborateurs, actionnaires, partenaires…), plutôt que de diriger du haut vers le bas de la pyramide. Au fond, il s'agit de se transformer en tant que dirigeant et être humain, pour être acteur et responsable de la transformation positive de notre monde.

J'ai voulu centrer mon propos sur le « comment », plutôt que sur le constat des carences du leader : comment cultiver un optimisme lucide, comment devenir plus authentique, comment se régénérer… Et ce, à partir des travaux de l'IFLP, nos recherches scientifiques en entreprise et celles existantes, mais aussi en nous basant sur les enseignements de nos nombreux programmes pilotes en entreprise, combinant neurosciences, psychologie positive et *mindfulness*.

Enfin, estimant que tout dirigeant devrait développer ses qualités de leader, et que tout leader aspire à diriger, les mots « leader » et

« dirigeant » sont ici interchangeables. N'en déplaise aux défenseurs de la stricte séparation de ces deux notions.

À QUI S'ADRESSE CE LIVRE ?

À toutes celles et ceux qui pilotent ou accompagnent une transformation individuelle ou collective et cherchent à « embarquer » le maximum de personnes à bord. Aux dirigeants qui ont ce pouvoir (la plupart du temps) de modifier les trajectoires de l'excellence dans leur organisation, d'engager des changements aspirationnels. Il est plus particulièrement destiné aux dirigeants d'organisations (entreprise privée ou publique, organisation politique, syndicale, humanitaire, administration), mais aussi aux managers d'équipes, aux entrepreneurs, aux DRH et aux consultants.

Bon voyage !

Vous pouvez rester informé de l'actualité de l'IFLP, découvrir de nombreuses ressources, et contribuer en visitant le site : www.positiveleadership.fr et en vous abonnant à la page LinkedIn de l'association.

Yves Le Bihan peut être contacté par e-mail à l'adresse suivante : contact@positiveleadership.fr

CHAPITRE 1

SE TRANSFORMER POUR ACCÉLÉRER LA MUTATION DE SON ORGANISATION

Cela ne vous aura pas échappé, notre monde change à une vitesse vertigineuse. Quelques chiffres pour se donner le tournis. La population mondiale passera de 1,6 milliard à plus de 8 milliards en 2030. L'Internet des objets pèsera, selon McKinsey, plus de 6 000 milliards de dollars sur l'économie mondiale en 2025. John Chambers, président exécutif de Cisco, annonce que *« 40 % du business d'aujourd'hui n'existera plus dans dix ans »*. Il poursuit en pronostiquant que *« la digitalisation du monde générera 19 000 milliards de dollars de retombées économiques, plus que l'économie américaine. Quand Cisco est né, en 1984, 1 000 appareils étaient reliés à Internet, contre 14 milliards aujourd'hui et 500 milliards dans quinze ans*[1] *»*. Par ailleurs, 44 millions d'Américains seront travailleurs indépendants à plein-temps d'ici à 2030. Leur nombre augmente cinq fois plus vite que celui du marché de l'emploi. Et 65 à 70 % des métiers qu'exerceront les enfants actuellement en classe de maternelle n'existent pas encore, selon le Sénat français. Aujourd'hui, les machines peuvent simuler, en apparence, des émotions et une conscience. En 2030, l'intelligence artificielle, selon Ray Kurzweil, le pape du très controversé courant transhumaniste chez Google, prévoit que les machines seront capables d'*« intelligence émotionnelle, d'être drôles, de comprendre des blagues, d'être sexy, aimantes et de comprendre l'émotion humaine. [...] C'est ce qui sépare les ordinateurs des humains aujourd'hui »*.

---

1. *Les Échos*, 2 novembre 2015.

RELEVER LES NOUVEAUX DÉFIS
DU LEADERSHIP

Ce début de XXIe siècle en transformation accélérée et perpétuelle (le Boston Consulting Group parle d'«Always-On Transformation»[1]) propose aux organisations d'immenses défis inédits : écosystème numérique ultraconnecté, transition énergétique et responsabilité sociétale, révolution de l'entrepreneuriat (fin du salariat?), émergence des entreprises horizontales et fluides, complexité et incertitude croissantes, domination des sciences du vivant et des biotechnologies, pour ne citer qu'eux. Mais nos organisations et leurs dirigeants sont-ils bien armés pour les relever? Nous constatons que beaucoup d'entre eux sont restés figés au siècle précédent dans leur posture managériale et leur mode d'organisation. Combien d'entreprises en France fonctionnent encore sous le modèle «*command and control*», hiérarchique, autoritaire, principalement masculin? La grande majorité, avouons-le. «*La grande entreprise est pyramidale. Le statut et le pouvoir dépendent de la capacité d'accéder à l'information. Mais l'entreprise de demain ne pourra plus être bâtie sur des rapports de force mais sur des rapports de flux*[2]», résume Sébastien Bazin, dirigeant du géant français de l'hôtellerie AccorHotels.

Pour relever ces immenses défis, il faut réinventer la manière de piloter nos organisations et d'embarquer nos collaborateurs. Or, les innovations managériales sont le parent pauvre de l'innovation. Nos dirigeants sont, pour la plupart, déconnectés de la réalité des besoins de leurs collaborateurs. Tout comme nos élites[3], les leaders d'entreprise sont souvent en décalage avec les attentes exigées par le nouvel environnement économique. Il s'agit d'être plus agile, d'inspirer, de jouer collectif, de proposer une vision à la fois réaliste et porteuse d'espoir, à condition de se transformer. Concernant le dirigeant, on attend toujours de lui les quatre grandes compétences de leader : exprimer une vision, influencer les parties prenantes pour atteindre les buts, encourager la coo-

---

1. https://www.bcgperspectives.com/content/articles/transformation-people-organization-leaders-guide-always-on-transformation/.
2. *Les Échos*, 4 février 2016.
3. Laure Belot, *La Déconnexion des élites*, Les Arènes, 2015.

pération et montrer l'exemple. C'est bien cette dernière dimension qui pose problème aujourd'hui. Combien de dirigeants agissent en étant réellement alignés avec leurs valeurs, décident de manière objective et intègre, se comportent avec éthique et équité, font preuve de suffisamment de transparence vis-à-vis d'eux-mêmes et de leur entreprise ? Alors que les employés ont cruellement besoin de reconnaissance et de justice, quels sont les dirigeants qui, en période d'incertitude et parfois de grande souffrance, montrent un supplément d'âme, une once d'humanité ? Il y en a trop peu. Se pose donc la question : pourquoi les dirigeants ont-ils tant de difficulté à évoluer vers un leadership plus en conscience, humaniste, optimiste ?

Probablement à cause de l'émotion dominante à chaque période de grande transition historique : la peur. Peur de perdre le contrôle, de ne pas savoir, de se dévoiler, de décevoir, de perdre le pouvoir, de faire des erreurs, d'être jugé, de se révéler. Face au risque que l'on prend à se transformer et à transformer son organisation, notre cerveau primaire nous rappelle combien la peur nous est instinctive. Pourtant, on attend des dirigeants qu'ils transcendent cette peur et adoptent des comportements inspirants. Une enquête, menée par Valérie Petit et Marieke Delanghe[1], révèle que les cadres français attendent de leurs managers qu'ils adoptent prioritairement les comportements suivants :

- agir en cohérence avec leurs valeurs ;
- faire preuve d'intégrité ;
- décider avec objectivité ;
- apporter du soutien aux personnes ;
- considérer et écouter les personnes ;
- donner le sens d'une mission collective ;
- encourager à penser différemment ;
- être transparents dans leurs relations avec les autres.

Une attente finalement cohérente avec la perception qu'ils ont de leur environnement marqué par la transformation.

---

1. Valérie Petit, Marieke Delanghe, « La révolution du leadership – Enquête sur le leadership des managers français », Edhec, 2015.

Il nous semble possible et hautement souhaitable de réinventer la manière de diriger une entreprise. Le modèle ouvert du *Leader positif* que nous portons, propose aux dirigeants de se *transformer* pour développer de nouvelles aptitudes. Car vouloir transformer son organisation nécessite d'abord de se transformer soi-même. Et si nous débutions ce cheminement transformationnel maintenant ?

J'OPÈRE MA TRANSFORMATION

Se familiariser et développer ses qualités de Leader positif demande du courage, de l'engagement et un temps de cheminement personnel propre à chacun. Si vous imaginez adopter facilement ces «compétences» de leadership en quelques semaines, vous faites fausse route. Un travail patient sur vous-même et de nombreux allers-retours entre la théorie et l'expérience, semés de tâtonnements, d'exploration, de petits pas, de doutes, seront nécessaires.

Pour vous y aider, voici un outil qui vous permettra de vous guider et d'évaluer vos progrès, toujours avec la plus grande bienveillance envers vous-même. Vous trouverez ci-après une série d'affirmations sur les principales dimensions du Leader positif. Évaluez, à l'aide de l'échelle, la fréquence avec laquelle vous mobilisez chacune de ses habiletés. Ceci n'est pas un test, mais plutôt une aide pour estimer non pas ce que vous *devriez* faire, mais ce que vous faites *en réalité*. Rappelez-vous: nous devenons ce que nous mesurons, le reste n'est que vœux pieux. Cet outil vous permettra de mesurer votre transformation tout au long du livre.

ÉCHELLE DE MESURE	1 Jamais	2 Rarement	3 De temps en temps	4 Souvent	5 Presque tout le temps
Je porte attention à ce qui se passe autour de moi.					
Je me centre sur l'instant présent et arrive à repérer mon «bavardage mental».					
Je suis conscient(e) de mes pensées, mes ressentis, mes sensations physiques.					
Lorsque mon humeur change, je le perçois tout de suite.					
Je suis pleinement présent(e) aux autres, sans être distrait(e).					
Il est facile pour moi de me concentrer sur ce que je fais.					
Je prends le temps de savourer le moment présent et mes différentes expériences (agréables ou non).					
Je capte les émotions (les miennes, celles d'autrui).					
Je suis concentré(e) sur ce que je fais.					
J'arrive à écouter avec empathie.					
Je parviens à identifier les faits avant de porter un jugement.					
Lorsque j'ai des douleurs, j'essaie, autant que possible, d'en prendre conscience.					

VERS L'ENTREPRISE POSITIVE ?

Se transformer, oui, mais dans quel but ? Pour servir quelle cause noble ? L'entreprise positive, modèle ouvert que nous portons, viserait autant la performance *économique* (satisfaire les actionnaires par le versement de dividendes et la valorisation de l'organisation sur le long terme, mesurée par le cours de Bourse ou la pérennité de l'activité) que la performance *humaine* (comme le bien-être, l'épanouissement, voire le bonheur de ses collaborateurs) et *sociale* (la santé psychique, physique et émotionnelle des collaborateurs, la diversité, l'impact positif sur l'environnement et la société). Pour encore beaucoup de dirigeants, ces trois buts sont incompatibles ou dissociés. Selon le rapport des Assises du mieux-vivre en entreprise (2010), 32 % des dirigeants français ne seraient pas convaincus de l'intérêt du bien-être au travail. L'entreprise positive se définit aussi par le fonctionnement optimal de toutes ses ressources : humaines, économiques, sociales, environnementales. Ici, la notion d'« optimal » s'oppose à celle de quête effrénée d'excellence, de perfection jusqu'à épuisement des ressources. Nombre de dirigeants ne sont pas encore convaincus des avantages que procurent des employés épanouis. Shawn Achor, professeur à Harvard, parle du *happiness advantage*, faisant référence aux bénéfices économiques pour l'entreprise qui sait créer les conditions de l'épanouissement de ses collaborateurs. Il va même plus loin en faisant d'un « *cerveau positif et engagé le plus grand avantage compétitif qu'une société puisse avoir dans l'économie contemporaine*[1] ».

Les recherches scientifiques démontrent l'évidence de faire converger les trois ambitions économiques, humaines et sociales. Une méta-analyse, menée par Lyubomirsky, Diener et King auprès de 275 000 personnes et regroupant 225 études académiques, avance que les collaborateurs se déclarant heureux sont 31 % plus productifs, trois fois plus créatifs, vendent 37 % de plus que leurs homologues malheureux. Shawn Achor montre, lui aussi, les liens entre bonheur et performance. Les employés qui obtiennent les meilleurs scores en termes d'offre de soutien social ont 40 % de

---

1. Shawn Achor.

chances supplémentaires de recevoir une promotion l'année suivante, se sentent dix fois plus engagés dans leur travail que les personnes dont les scores se situent dans le dernier quartile. Du bon sens, mais traduit en chiffres validés scientifiquement.

Est-ce que la positivité de nos organisations impacte favorablement les performances des salariés? La réponse est donc oui. Pensez que le réservoir de productivité au travail serait de près de 30 % si l'on favorisait l'épanouissement de nos collaborateurs! Kim Cameron, de l'université du Michigan, Ann Arbor a étudié les pratiques de leadership positives dans 7 entreprises de transport. Celles qui les utilisaient le plus étaient les plus performantes en termes de profitabilité, de productivité, de qualité, de satisfaction clients et de fidélité des collaborateurs. Le chercheur cite notamment le cas de la compagnie Southwest Airlines, la seule à n'avoir pas licencié lors de la crise qui a suivi les attentats du 11 Septembre 2001 aux États-Unis. Résultat: en privilégiant le long terme et la dignité des employés (au lieu de tailler dans les effectifs pour obtenir artificiellement des résultats financiers positifs), la compagnie a été récompensée. Non seulement la corrélation entre ses pratiques de leadership positif et ses bons résultats financiers fut la plus élevée, mais elle se redressa plus vite que les autres compagnies aériennes.

Horizon de temps: le trimestre ou l'éternité?

Des initiatives en faveur de la convergence des trois buts apparaissent depuis une dizaine d'années outre-Atlantique. Citons le World Benefit, dont le représentant majeur est le Center for Business, mené par David Cooperrider et son équipe. Celui-ci détermine la voie que les organisations pourraient emprunter pour viser des fins sociales positives. Citons également le mouvement du Conscious Capitalism®[1] qui se développe principalement aux États-Unis et propose une alternative inspirante aux modèles actuels. Il s'appuie sur quatre piliers:

- un but supérieur. Le profit, indispensable à la pérennité de toute entreprise, ne peut pas en être sa raison principale. Les entre-

---

1. www.consciouscapitalism.org/.

prises « en conscience[1] » visent un but supérieur qui répond à notre besoin de sens profond, qui nous motive et nous inspire, nous engage et dynamise toutes les parties prenantes ;

■ une orientation incluant tout l'écosystème. Les entreprises en conscience ne visent pas uniquement le retour sur investissement, mais créent et optimisent la valeur pour toutes les parties prenantes de leur environnement. Elles ont compris que, sans le soutien actif de leur communauté (employés, clients, fournisseurs, actionnaires…), il n'y aurait plus d'activité saine et durable ;

■ un leadership. Les dirigeants « conscients » se concentrent sur le « nous », plutôt que sur le « moi ». Ils inspirent, favorisent la transformation et font ressortir le meilleur de ceux qui les entourent ;

■ une culture en conscience qui englobe les valeurs, principes et pratiques d'un tissu social vertueux. Les initiatives de chaque partie prenante forment un système cohérent avec le but supérieur de l'organisation. Une telle culture encourage à construire des liens de confiance et d'attention entre les membres de l'écosystème. Elle constitue une force qui donne vie à toute l'organisation.

Parmi les sociétés – et leurs dirigeants – emblématiques de ce mouvement de Conscious Capitalism®, citons : Whole Foods Market (distribution de produits bio), The Container Store (solutions de stockage et d'organisation), Clarke (environnement et santé), Southwest Airlines, Starbucks, Nordstrom (chaîne de magasins et e-commerce). Ici, l'univers temporel de référence va bien au-delà du trimestre.

Autre exemple de cette triple convergence, les fondations actionnaires comme au Danemark[2] : il en existe 1 450 pour 5 millions d'habitants, concentrant un emploi privé sur cinq, 10 % de la richesse nationale et 57 % de la capitalisation de la Bourse de

---

1. Le Conscious Capitalism® est un organisme sans but lucratif fondé aux États-Unis, et dédié à la culture de la théorie et la pratique du capitalisme en conscience à travers des événements, des publications et l'activité sur les réseaux sociaux.
2. *Les Échos*, 4 février 2016.

Copenhague. Leur mission n'est pas directement de faire du profit, mais de garantir la pérennité de l'entreprise et de soutenir des actions d'intérêt général. En retour, elles disposent d'actions particulières, assorties de dix fois plus de droits de vote que les actions classiques – ce qui leur évite, au passage, de devenir la proie d'investisseurs étrangers. *« C'est un fonctionnement à contre-courant du capitalisme financier, où tout doit aller au rythme du reporting trimestriel »*, explique Arthur Gautier, directeur exécutif de la chaire philanthropie de l'Essec et coauteur, en 2014, d'un rapport sur les « fondations actionnaires ». Cela donne aux entreprises un actionnaire de référence sur un horizon de temps beaucoup plus long : l'éternité.

Dans le cas de Novo Nordisk (évoqué au chapitre 2 « Rester présent »), la fondation possède seulement un quart du capital, mais les trois quarts des droits de vote. Cela se traduit aussi dans une charte de l'entreprise, qui impose à celle-ci de trouver un équilibre entre les impératifs financiers, sociaux et environnementaux du groupe. Au vu des résultats publiés pour 2015, la mission est largement remplie. Novo Nordisk se distingue par des niveaux de marges impressionnants : 45,8 % pour la marge opérationnelle et 32,3 % pour la marge brute. Performances économique, humaine et sociale sont non seulement compatibles, mais se renforcent mutuellement. Précisons ce que « performance humaine » veut dire…

LA PSYCHOLOGIE POSITIVE N'EST PAS LA PENSÉE POSITIVE

Être performant humainement renvoie à l'idée de bien-être et de bonheur. Ces derniers suscitent, depuis plusieurs années, de vifs débats philosophiques. Les médias s'en emparent, les publicitaires aussi, jusqu'à friser l'overdose, la dictature du devoir d'être heureux, la « bonheurite aiguë » ! Certaines entreprises cherchent même à rendre leurs collaborateurs « heureux ». Est-ce bien leur rôle ? En tout cas, le Leader positif cherche, lui, à créer les conditions de l'épanouissement (plus que du bonheur) de ses collaborateurs. Il s'inspire des apports de la jeune science qu'est la psychologie positive. Qu'on se le dise définitivement : la psychologie positive n'est pas la pensée positive ou la méthode du docteur Coué. Elle s'en distingue par trois aspects :

- cette science, bien que « jeune » (1998), se centre sur le fonctionnement optimal des individus et des organisations, sur ce qui favorise leur santé et leur bien-être. Elle s'appuie sur près de vingt ans de recherches et d'expérimentations rigoureuses, proposant des mécanismes fiables et reproductibles, et non sur l'autoconviction (ou autosuggestion) du pouvoir de ses pensées, fussent-elles positives ;
- elle est équilibrée, en donnant toute sa place aux émotions et aux expériences difficiles, négatives, parfois nécessaires ou vitales ;
- elle se structure autour d'institutions, de chercheurs de réputation mondiale, de conférences et de journaux scientifiques rigoureux.

BIEN-ÊTRE, BONHEUR : DE QUOI PARLE-T-ON ?

Le bien-être recouvre de nombreuses réalités. Nous avons choisi la description de Ryff et Singer du bien-être psychologique, basé sur six piliers :
- s'accepter ;
- avoir des relations positives avec autrui ;
- être autonome ;
- maîtriser son environnement ;
- donner un sens à sa vie en poursuivant des buts personnels ;
- se développer.

Cette notion se rapproche de celle de bien-être « eudémonique » lié au bonheur. Il est fait d'efforts, il est progressif, dynamique (passe par l'apprentissage, les défis pour s'épanouir).

Le bonheur hédonique, quant à lui, est fait de plaisirs et d'émotions positives (dans l'instant). La conception hédonique du bonheur est centrée sur les composantes affectives et la satisfaction par rapport à sa vie.

CRÉER LES CONDITIONS
DE L'ÉPANOUISSEMENT DES SALARIÉS

Les cultures de travail positives favorisent la transformation des organisations[1]. Les applications de la psychologie positive, des neurosciences et de la pleine conscience peuvent aider les organisations et leurs leaders à réussir leur transformation et à créer une performance durable. Une recherche du Center for Positive Organizational Scholarship de la Ross School of Business[2] affirme que les collaborateurs épanouis surperforment de 27 %, sont plus engagés de 32 %, et 46 % plus satisfaits de leur travail que leurs collègues moins épanouis. Deux composantes à cet épanouissement : la vitalité (se sentir vivant, passionné, enthousiaste pour changer les choses) et l'apprentissage (développement personnel *via* l'acquisition de nouvelles compétences et connaissances). C'est là où votre rôle de dirigeant est clé. Comment pouvez-vous contribuer à créer les conditions de l'épanouissement de vos employés ? Gretchen Spreitzer et Christine Porath avancent quatre pistes pour activer ces deux composantes :

- leur donner la possibilité de prendre des décisions de manière autonome ;

- partager les informations sur la performance de l'organisation ;

- réduire les incivilités dans les interactions ;

- donner un feed-back de performance individuelle et collective.

Dans ce siècle qui aspire à plus de spiritualité, le Leader positif est amené à travailler sur lui pour développer de nouvelles aptitudes (évoquées plus haut). De nombreuses activités peuvent l'y aider : activités sportives, artistiques, humanitaires, spirituelles… Par conviction et par observation de nombreuses expériences auprès de dirigeants, nous pensons que la pratique de la sagesse qu'offre la méditation en pleine conscience peut être une aide utile aux dirigeants (cf. chapitre 2 « Rester présent »). D'ailleurs, une recherche menée par Emma Seppälä, Science Director du

---

1. Tanya Vacharkulksemsuk, Leslie E. Sekerka, Barbara L. Fredrickson, "Establishing a Positive Emotional Climate to Create 21st-Century Organizational Change", *Journal of Personality and Social Psychology*, 95, 2008, pp. 1045-1062.
2. *Harvard Business Review*, décembre 2015-janvier 2016.

Center for Compassion and Altruism Research and Education à Stanford[1], donne plusieurs éclairages sur l'aide que peut apporter aux dirigeants la pratique méditative dite « de pleine conscience » (ou *mindfulness*). L'intérêt croissant des leaders pour la méditation s'explique, en effet, par plusieurs facteurs. C'est d'abord un levier de développement de ses compétences de leadership pour atteindre ses objectifs. Elle renforce notre capacité de résilience en diminuant notre anxiété. Alak Vasa a commencé à méditer comme trader chez Goldman Sachs. La méditation l'a aidée à prendre du recul sur sa peur panique, même sous la contrainte. La méditation stimule aussi l'intelligence émotionnelle[2] et peut accroître notre capacité à réguler nos émotions.

Archana Patchirajan, entrepreneur à succès, P.-D.G. de Sattva, affirme : « *Grâce à la méditation, j'ai appris la patience. La relation avec mon équipe est meilleure, je garde un esprit apaisé.* » Méditer favoriserait aussi la créativité en encourageant la pensée divergente, propice à la multiplicité des solutions face à un problème. La méditation améliorerait également nos relations. C'est connu, le stress réduit notre champ de perspective et notre capacité d'empathie. Méditer peut nous aider à améliorer notre humeur et notre sentiment d'être au contact des autres. Ainsi, Chirag Patel, P.-D.G. d'Amneal Pharmaceuticals, se sent plus connecté à ses clients depuis qu'il médite. Enfin, la pratique nous aide à rester concentré quand, 45 % du temps, notre esprit vagabonde de manière anxiogène. Peter Cooper, investisseur, attribue sa capacité à investir judicieusement, notamment, à sa pratique méditative.

LES ORIGINES DU LEADER POSITIF

Bien que s'en distinguant, le modèle du Leader positif tire son origine de plusieurs modèles empiriques et complémentaires décrits ci-dessous.

---

1. Emma Seppälä, "How Meditation Benefits CEOs", *Harvard Business Review*, 14 décembre 2015.
2. Concept développé dans le chapitre 2 « Rester présent », p. 27)

LES ORIGINES DU LEADER POSITIF

Le leadership transformationnel (J. Burns, B. Bass, B. Avolio) renvoie à la conscience de soi et l'attention aux autres, aux perspectives morales et éthiques, à la transparence relationnelle, l'exemplarité, la stimulation (challenger), l'inspiration et l'influence (rôle de modèle) sur ses collaborateurs.

Le leadership serviteur (Robert K. Greenleaf) sert les travailleurs sur le long terme en contribuant à leur bien-être et à leur efficacité. L'enjeu est de rendre service au collectif par un comportement altruiste, compassionnel, empathique, en conscience, aspirationnel, et socialement responsable.

Le leadership résonant (Richard E. Boyatzis et Annie McKee) mobilise les émotions à travers la conscience de soi et des autres, l'écoute, l'espoir et la compassion.

Le leadership positif (K. Cameron) crée un climat positif (compassion, pardon, gratitude) ; opte pour une communication positive (feed-back de qualité, soutien) ; entretient des relations positives (réseaux d'énergie, mobilisation et augmentation des forces) ; introduit du sens positif (qui amène du bien-être, mobilise les valeurs personnelles, bâtit une communauté par des objectifs communs).

Le leadership authentique (W. Gardner, B. Avolio, B. J. Luthans) mobilise relations transparentes (être soi-même, partager ses ressentis), valeurs personnelles et sens éthique, conscience et connaissance de soi, objectivité et équilibre, internalisation d'une perspective morale, intègre.

Afin d'établir votre autodiagnostic vis-à-vis des compétences du Leader positif, prenez quelques minutes pour remplir la suite du questionnaire.

J'OPÈRE MA TRANSFORMATION

Évaluez, à l'aide de l'échelle, la fréquence avec laquelle vous mobilisez chacune de ces habiletés de Leader positif.

ÉCHELLE DE MESURE	1 Jamais	2 Rarement	3 De temps en temps	4 Souvent	5 Presque tout le temps
Je me centre davantage sur le possible que sur les obstacles.					
Je suis vigilant(e) quant aux risques et aux inconvénients, mais je pense en termes de possibilités et d'opportunités.					
Je me concentre plus sur le positif que sur le négatif.					
J'utilise les émotions positives pour élargir mon champ de conscience, et encourager les nouvelles idées et initiatives autour de moi.					
Je questionne mes craintes et me demande: comment puis-je les surmonter?					
Je cherche à établir des liens personnels et professionnels avec les autres.					
Je suis conscient(e) de la puissance et de l'importance des relations positives.					
Je consacre consciemment du temps et des efforts à développer des réseaux positifs autour de moi.					
Je déclenche des conversations profondes et personnelles avec les autres.					
Je cherche des moyens d'élaborer des solutions gagnant-gagnant avec les autres.					

Je cultive ma capacité à comprendre les sentiments des autres.					
Je tente de résoudre les désaccords et les conflits vers des résultats positifs, basés sur les enseignements tirés du conflit.					

LÂCHER LA QUÊTE DE PERFECTION

Se transformer vers un leadership plus positif exige des renoncements. Celui du perfectionnisme en fait partie. Et pourtant, aspirer au meilleur est l'une des armes de tout dirigeant en quête d'excellence. Alors, comment combiner haute exigence, excellence, avec résilience et acceptation ? L'acceptation n'est pas la résignation. C'est à la fois un processus mental et émotionnel : reconnaître les faits, la situation, et renoncer à la lutte pour obtenir ce que l'on désire. Accepter veut dire voir les choses différemment et se préparer à trouver les solutions. C'est arrêter de vouloir changer les expériences et, au contraire, créer de l'espace pour elles. Accepter ne veut pas dire adopter une attitude passive envers tout. Ni vous satisfaire des choses telles qu'elles sont, ni vous résigner à les supporter. L'acceptation, c'est le premier pas vers la pleine conscience des difficultés qui nous permet, ensuite, de répondre de manière juste et agile (et non réagir de façon automatique) à nos difficultés. Le lâcher-prise (ou non-attachement) de nos pensées, sentiments ou situations désagréables permet de laisser les choses être ce qu'elles sont, de les accepter telles qu'elles sont, comme des expériences, tout simplement. Le contentement surgit lorsque l'on accepte de perdre le contrôle de ce qui peut sembler incontrôlable. Combien d'entre nous refusent la réalité et s'accrochent à leurs illusions ? L'acceptation en conscience permet pourtant de ressentir soulagement et sérénité. L'acceptation est donc une clé majeure pour cultiver notre résilience.

Comment réagissez-vous en tant que dirigeant face à l'adversité ? Trois options, au moins, sont possibles face à une situation indésirable : a) abandonner, b) tout faire pour changer la situation, c) lâcher prise et changer de réaction. Une grande majorité opte pour modifier la situation et trouver des solutions. C'est une stratégie gagnante jusqu'à un certain point. Quand la situation vous pèse trop et que vous ne voyez plus de moyens d'agir, il peut être inspirant de passer à l'option c). La capacité à lâcher prise face à des situations inextricables distingue ceux qui sont anéantis par l'épreuve de ceux qui en souffrent, mais s'en remettent. Les dirigeants qui savent renoncer se désengagent d'objectifs inatteignables pour recentrer leur énergie sur de nouveaux objectifs.

Un bon exercice pour muscler son acceptation consiste à lister les situations dans lesquelles on est « acteur » (vous pouvez influer sur elles jusqu'à un certain point) et celles dans lesquelles on n'est que « spectateur » (vos marges d'action sont limitées ou nulles pour changer ces situations).

J'OPÈRE MA TRANSFORMATION

Listez ci-dessous dans laquelle des deux catégories vous classez les situations professionnelles difficiles que vous avez à gérer. Et décidez quelle attitude choisir (accepter ou m'accrocher ?).

Zone « spectateur » (Je ne peux agir)	Zone « acteur » (Je peux agir)	Accepter ou m'accrocher ?
-	-	-
-	-	-
-	-	-
-	-	-

Probablement que certaines des situations difficiles mériteraient d'être acceptées car vos marges d'intervention sont réduites et qu'elles vous minent ?

Le culte de la perfection n'échappe pas à bon nombre de dirigeants. Elle est un *driver* louable tant que l'on garde à l'esprit ses limites. Le perfectionnisme est une croyance tellement ancrée chez certains leaders, qu'ils sont convaincus que la perfection peut et doit être atteinte en toutes circonstances. Les grands entrepreneurs sont souvent obsédés par ce culte du perfectionnisme. Découvrons les deux côtés de la médaille « perfection ». Sa face positive en fait un levier de motivation et de performance pour ceux qui persévèrent face aux obstacles et au découragement. Un dirigeant perfectionniste « positif » tire un certain plaisir et un bon « carburant » dans l'effort et l'adversité, en vue d'atteindre un résultat ambitieux. À l'inverse, la face négative de la perfection renvoie à la course effrénée et compulsive vers des objectifs inatteignables, voire impossibles, donc à une insatisfaction régulière. Le perfectionnisme, ici, semble antinomique avec la capacité de s'accomplir : « Tant que je n'ai pas atteint la perfection, je ne peux être satisfait. » Le dirigeant ressent alors beaucoup de frustration, d'angoisse, voire de mal-être, non pas tant par son incapacité à s'accomplir, mais par son refus de perdre le contrôle ou la face. Le perfectionniste « négatif » est un éternel insatisfait, pensant ne jamais en faire assez pour mériter la reconnaissance. Vouloir maximiser à tout prix les résultats obtenus conduit à plusieurs conséquences néfastes. Ainsi, chercher systématiquement la meilleure option (ou idéale), plutôt que l'option optimale (et s'en contenter), mine notre satisfaction au travail et dans la vie, et alimente notre pessimisme. Maximiser à tout prix affecte notre estime de soi et nourrit les regrets. Quand un leader perfectionniste prend une décision, il anticipe les regrets possibles qu'il pourrait avoir à ne pas atteindre ses objectifs et ne voit que les opportunités à surtout « ne pas rater ». Autant dire qu'il maximise aussi son niveau de stress, souvent inutilement.

Lorsque l'on dirige une entreprise, apprendre à se contenter, à être satisfait, est un art subtil, qui nous renvoie à nos croyances et notre réflexe à nous juger : « Ai-je tout donné ? Qu'est-ce que je vaux si j'échoue ? Comment les autres vont-ils me juger ? », etc.

La psychologie positive propose un levier efficace pour lâcher notre quête de perfection : apprendre à se contenter et à se satisfaire. Regardons comment vous pouvez développer cette composante clé du Leader positif.

J'OPÈRE MA TRANSFORMATION

APPRENDRE LA SATISFACTION
(15 minutes tous les jours, pendant 2 semaines)

Objectif: se satisfaire consiste à être content de ce que l'on possède («C'est suffisamment bien»). Cultiver notre capacité à nous satisfaire consiste à nous centrer sur ce que l'on a («J'ai assez»), plutôt que de vouloir maximiser chacune de nos expériences, améliorer sans cesse («J'en veux encore»). Il s'agit ici de vous apprendre à renoncer à vous épuiser (selon les circonstances) dans votre quête du «toujours plus».

En pratique

Partez d'une situation vécue où vous avez été insatisfait et explorez comment vous auriez pu accroître votre satisfaction en tirant le meilleur des contraintes ou des circonstances.

1. Décrivez en détail la situation, les sources de votre insatisfaction, les contraintes existantes.

....

2. Explorez à présent vos priorités ou les critères de prise de décision. Quels sont vos points «non négociables»? Quelle est votre liste de souhaits, votre idéal? Comparez-les. Sur quoi se battre, à quoi renoncer?

....

3. Visez à optimiser votre expérience, en tenant compte des circonstances, plutôt que de vouloir maximiser à tout prix en comparant les circonstances réelles et les circonstances désirées. Demandez-vous: «Quelles sont les pépites de cette situation?», plutôt que: «Quelles pourraient être les pépites dans de meilleures circonstances?»

....

4. À présent, évaluez tous les coûts de vos efforts dans la quête de la perfection, à vouloir maximiser systématiquement: les vôtres et ceux que vous faites subir à votre entourage (santé, énergie, argent, estime de soi).

....

5. Enfin, réfléchissez à ce que vous pourriez faire différemment ou ce à quoi vous pourriez renoncer à l'avenir, quand vous rechercherez la meilleure option possible. Décrivez alors vos sensations, vos pensées.

CES PATRONS QUI DONNENT L'EXEMPLE

Pour mobiliser ses troupes et construire du sens pour chaque métier, Jeff Gravenhorst, P.-D.G. du leader mondial danois des services intégrés, ISS, a instauré un « Company Day » : une journée pendant laquelle les dirigeants retroussent leurs manches et montrent l'exemple. Ainsi, le P.-D.G. n'a pas hésité à nettoyer les toilettes ou à préparer des saucisses dans une cantine. Une enquête de satisfaction est menée tous les ans auprès de 300 000 salariés du groupe, avec un taux de réponse de plus de 67 %. J. Gravenhorst en est convaincu : « *La réussite d'une entreprise est conditionnée par le bien-être de ses salariés.* » Vous doutiez encore de votre exemplarité à l'égard de vos collaborateurs ? Lisez attentivement ce qui suit[1]. Jack Zenger et Joseph Folkman ont voulu comprendre la contagion positive (et négative) d'un leader sur son équipe. Pour cela, ils ont étudié les évaluations 360° de 265 paires de managers-collaborateurs et identifié 51 comportements de manager qui déteignaient sur leurs employés. Parmi le top 10 des comportements les plus contagieux : le développement personnel et celui des autres, l'attention et la coopération, l'intégrité et l'honnêteté. Sans surprise, les managers ayant de bonnes évaluations sur ces dimensions avaient eux-mêmes des patrons modélisant ces bons comportements. Et ces comportements contagieux impactent directement l'engagement. Ainsi, les chercheurs ont montré que les comportements positivement contagieux des meilleurs managers généraient chez leurs collaborateurs directs (et chez les collaborateurs de leurs collaborateurs) le meilleur taux d'engagement. L'inverse a également été

---

1. https://hbr.org/2016/01/the-trickle-down-effect-of-good-and-bad-leadership.

vérifié. Qu'on se le dise, vos comportements de dirigeant sont contagieux, en bien comme en moins bien.

L'EXEMPLE DE DAN PRICE

Dan Price, P.-D.G. de Gravity Payments, a décidé de diviser son salaire par quatorze et de passer le salaire minimum de ses 120 employés à 70 000 dollars par an, soit 5 800 dollars mensuels. L'entreprise, qui n'est pas cotée en Bourse, a dégagé en 2014 quelque 2 millions de dollars de bénéfices qui contribueront à la nouvelle politique salariale. Revendiquant une approche différente des affaires, et étant sensible aux inégalités de revenus aux États-Unis, Dan Price fait valoir sur le site Internet de l'entreprise une stratégie de la transparence et des relations de long terme. *« C'est une solution capitaliste à un problème social »*, dit-il. Louable. Sauf que la société était à court de trésorerie (pour payer les augmentations de salaire) et que certains employés, mécontents (parce que l'augmentation ne tenait pas compte des différences de performance), ont quitté l'entreprise !

Pour finir d'établir votre autodiagnostic vis-à-vis des compétences du Leader positif, prenez encore quelques instants pour remplir la fin du questionnaire.

J'OPÈRE MA TRANSFORMATION

Évaluez, à l'aide de l'échelle, la fréquence avec laquelle vous mobilisez chacune de ces habiletés de Leader positif.

ÉCHELLE DE MESURE	1 Jamais	2 Rarement	3 De temps en temps	4 Souvent	5 Presque tout le temps
J'ai des principes moraux ancrés en moi et je mène ma vie selon ces principes.					
Je suis au clair avec mes valeurs, et mes comportements reflètent mes valeurs.					
Mes comportements sont alignés avec mes intentions et mes engagements.					
Je suis au clair avec mes priorités et mes comportements reflètent mes priorités.					
Je suis conscient(e) de mes forces et de mes faiblesses.					
Je suis conscient(e) des forces et des faiblesses des membres de mon équipe.					
J'organise mon travail de manière à tirer parti de mes points forts, de mes forces personnelles.					
Je cherche à tirer parti des points forts des membres de mon équipe.					
Je surveille et gère consciemment mon stress.					
J'ai de l'énergie à dépenser.					
Je me sens confiant(e) dans mes capacités à prendre en main en conscience mon énergie.					

J'utilise des techniques saines pour gérer mon stress tous les jours.				
Je gère mon stress et mon énergie afin de maintenir élevé mon bien-être physique, mental et émotionnel.				
Je prends conscience de mes pensées pour rester en contact avec la réalité, et réduire ainsi mon stress.				
Il m'arrive d'éprouver une émotion et d'y répondre en conscience.				
Je me sens serein(e), même si les événements échappent à mon contrôle.				
Je me concentre sur les éléments positifs et le potentiel, plutôt que sur les lacunes et les échecs.				
Je fais preuve de compassion envers les autres.				
Je fais particulièrement attention quand on me parle.				
Je renonce à la perfection et cultive la satisfaction et le contentement.				
Je suis tolérant et bienveillant avec mes défauts et mes limites.				

JE FAIS LE POINT

Que donne votre autodiagnostic avant d'entreprendre votre voyage intérieur ? Souvenez-vous de cultiver la plus grande bienveillance envers vous-même si vous souhaitez vous transformer en profondeur vers un leadership positif. Que la patience et la confiance vous accompagnent. En route !

CHAPITRE 2

RESTER PRÉSENT POUR UN LEADERSHIP ATTENTIF ET INCARNÉ

Rester concentré et attentif à ce que l'on fait, aux autres, à notre environnement, toute la journée ? Un vrai défi, non ? Tenez, essayez de lire ce chapitre d'une traite, sans être interrompu par un SMS, une salve d'e-mails ou la sollicitation d'une personne ! Selon Gloria Mark, une chercheuse de l'université Irvine de Californie qui étudie la distraction digitale, nous sommes interrompus en moyenne toutes les 3 minutes ! Pire, une fois distrait, cela peut prendre jusqu'à 23 minutes pour se reconcentrer sur sa tâche, même si la distraction ne dure que quelques secondes. Plus que jamais, l'hypersollicitation humaine ou digitale dont il est l'objet est un formidable défi pour tout dirigeant. Comment « rester présent » avec le bon niveau d'attention dans chacune de nos interactions avec autrui, comment garder lucidité et justesse dans nos décisions ? Pas simple ! Regardons comment cultiver une présence attentive et libératrice.

OSER LA MÉDITATION EN PLEINE CONSCIENCE

Démystifier l'art de méditer

Allez, avouez-le. Qu'est-ce qui vous vient à l'esprit à l'évocation du mot « méditation » ? Vous lui associerez probablement les mots « spiritualité », « religion », « bouddhisme », ou encore « illumination », « introspection », voire « transcendance », « New Age » ou « secte ». Normal, il y a des mots qui suscitent d'emblée des a priori, notamment dans l'univers professionnel. Voyons de quoi il s'agit précisément.

La méditation telle que nous l'envisageons ici est totalement laïque, ouverte à tous et nous l'appelons « pleine conscience » (*mindfulness* en anglais), « pleine attention », ou encore « présence attentive ». L'Américain Jack Kornfield va, dans les années 1970, laïciser la pratique méditative bouddhiste dans des lieux de retraite afin de lutter contre le mal-être psychologique par un « entraînement à l'intériorité ». Thich Nhat Hanh, maître bouddhiste zen, est le pionnier de la méditation en pleine conscience en Occident. Pour lui, « *Être un "éveillé", c'est être en pleine conscience de ce qui se passe ici et maintenant. Beaucoup d'entre nous fonctionnent comme des machines. Quand ils marchent, ils ne savent pas qu'ils sont en train de marcher… C'est accessible à tous, mais il faut s'entraîner* ».

LA MÉDITATION EN PLEINE CONSCIENCE

C'est une forme d'attention portée délibérément à toutes nos expériences, sans jugement, sans attente, sans contrôle. «Il s'agit de s'entraîner à simplement être plutôt qu'à faire... Nous appelons cette méthode la voie de l'attention vigilante ou la voie de la pleine conscience[1]», dit le professeur Jon Kabat-Zinn, fondateur du programme de réduction du stress basé sur la pleine conscience, suivi par plus de 20 000 personnes dans le monde: la MBSR (Mindfulness-Based Stress Reduction). C'est une approche connectant le corps et l'esprit, permettant de porter notre attention sur nos expériences positives et moins positives (pensées, émotions, sensations physiques) afin d'en être plus conscient et de pouvoir mieux les appréhender.

Avez-vous toujours des doutes, ou envie de vous lancer? Voici un exercice très simple de pleine conscience pour vous aider à vous transformer (écouter le fichier audio joint peut vous aider). Rassurez-vous, il ne s'agit pas de « réussir » l'exercice, mais juste

---

1. Jon Kabat-Zinn, *Au cœur de la tourmente : la pleine conscience*, Poche, 2012.

d'être présent, rien de plus. Seul l'entraînement régulier permet, tel un sportif, de progresser.

J'OPÈRE MA TRANSFORMATION

RESPIRATION EN PLEINE CONSCIENCE (5 à 10 minutes)

En pratique

- Je choisis un endroit calme, où je ne serai pas dérangé(e), mon portable est coupé. Assis(e) de préférence, j'ôte mes chaussures et pose les deux pieds à plat au sol, de manière à me sentir ancré(e), le dos décollé du siège (si possible), les mains à plat sur les cuisses. Je ferme les yeux.

- À présent, je prends le temps de porter mon attention à l'ensemble de mon corps. Je note les sensations qui peuvent survenir, sans les juger : les contacts entre la plante des pieds et le sol, ou entre mon corps et la chaise, je sens mes épaules se détendre et mon torse s'ouvrir. (Vous pouvez ne rien ressentir du tout, donnez-vous du temps, soyez patient.)

- Ensuite, je porte toute mon attention aux sensations liées à ma respiration : au niveau des narines, de la gorge, des poumons, du mouvement léger des épaules, du diaphragme ou de l'abdomen. Je prends conscience simplement de mon souffle sans chercher à le contrôler. J'observe chaque inspiration, chaque expiration, unique, dans toute leur longueur.

- Il est possible qu'une pensée ou une image emmène mon esprit ailleurs (une réunion difficile cet après-midi). Ce vagabondage est naturel. Tranquillement, je note où mon esprit m'emmène, puis je ramène mon attention à ma respiration avec bienveillance. Si des pensées d'autojugement, de critique surviennent (« J'ai autre chose de plus important à faire », « Que va dire Untel ? »), je les note sans jugement. Puis je ramène lentement mon attention à ma respiration.

- Quand je le décide, sur une expiration, je me félicite pour ce temps précieux que je me suis accordé, puis j'ouvre lentement les yeux.

2 500 ans de sagesse… à la portée des dirigeants

Le *Time Magazine* parle de « révolution *de la pleine conscience* ». Rien de révolutionnaire selon nous, simplement une pratique ancestrale de sagesse, modernisée, répondant au besoin de spiritualité de ce siècle. Saviez-vous que les philosophes de la Grèce antique concevaient leur discipline comme une méthode de transformation de soi ? *Méditation* vient des termes grecs « *mélété* » (« entraînement, exercice »), « *medeo* » (« prendre soin de ») ou du latin « *mederi* » (« soigner »). Aristote trouve le bonheur parfait dans l'expérience de la contemplation, Épicure cultive une éthique du plaisir basée sur la modération, plutôt austère, afin d'atteindre l'ataraxie (en grec, la « *quiétude absolue de l'âme* »).

Le fondateur de l'ordre des jésuites, Ignace de Loyola, proposait, lui aussi, des exercices spirituels pour forger son âme. Son « programme » de retraite spirituelle vise à « *se vaincre soi-même et régler sa vie sans se déterminer par aucune affection désordonnée* », conseillant même d'accorder le rythme de la prière à celui de la respiration. Quel esprit pionnier !

Montaigne, Spinoza et d'autres sages prônent le même discours : par un travail quotidien sur soi, l'on peut entraîner son esprit à se libérer du joug de ses émotions, de ses croyances et pensées perturbatrices ! Mais alors, quels liens avec votre métier de dirigeant ?

JE FAIS LE POINT

À partir du sous-chapitre ci-dessus, répondez aux questions suivantes. L'idée, ici, est de vous aider à faire le lien entre la méditation et vos besoins de dirigeant :

- **Quelle idée reçue aviez-vous de la méditation avant de lire ce texte ?**
- **Au fond, que vise la méditation ?**

LES BIENFAITS DE LA PRATIQUE MÉDITATIVE

Pleine conscience, neurosciences et leadership?

A priori, vous avez maintenant une idée plus précise de ce qu'est la pleine conscience. Et si l'on demandait aux scientifiques leur avis? Richard Boyatzis, l'un des meilleurs experts de la pleine conscience et du leadership, est le père du modèle de « *resonant leadership* ». Nous sommes convaincus, comme lui, qu'il existe deux facettes de l'expérience en pleine conscience : ce qui se passe à l'intérieur de soi, dans nos trois « batteries » – tête (pensées et images), cœur (émotions et sentiments), corps (sensations) ; et à l'extérieur de soi (les interactions avec et entre les personnes, l'environnement immédiat, la nature, les événements). C'est notre capacité à connecter ces deux univers qui fait de nous un « *resonant leader* »... ou pas. Par la pratique de la pleine conscience, nous développons un discernement entre nos pensées et la réalité, aiguisant notre perception objective, consciente, des pensées automatiques ou des réflexes émotionnels qui peuvent colorer notre jugement.

Le saviez-vous? Les leaders « en résonance » mobilisent davantage leurs connexions neuronales en lien avec les zones du cerveau où naissent les émotions positives et les comportements pro-sociaux. Allons explorer comment notre cerveau fonctionne.

Notre système nerveux sympathique (SNS), tel un accélérateur, est activé lorsque nous sommes stressés. Notre cerveau sécrète alors des hormones (l'adrénaline, la norépinephrine), qui activent la circulation sanguine, accélèrent le rythme cardiaque, et des corticostéroïdes qui affaiblissent notre système immunitaire et abaissent la création de neurones. Nous perdons nos moyens face à l'inconnu. Rappelez-vous votre dernier coup de stress : pouvez-vous nommer vos sensations alors éprouvées? Mais la nature est bien faite ! Il existe un antidote naturel : notre système nerveux parasympathique (SNP), tel un système ABS, stimule notre nerf vagal, sécrète de l'ocytocine (hormone du bien-être et du lien social), relâchant la pression sanguine et ralentissant notre respiration. Activé, grâce, notamment, à la pratique de la pleine conscience, le SNP nous permet de « muscler » notre système immunitaire, d'être plus ouvert aux nouvelles idées et renforce, chez les dirigeants, leur capacité à explorer et développer des sources d'émotions agréables, d'identifier chez l'autre ses besoins pour mieux y répondre.

LES TROIS TYPES D'INTELLIGENCE DU « *RESONANT LEADER* »

L'intelligence émotionnelle (tournée vers soi) *via* la conscience émotionnelle (reconnaître et identifier les effets de ses propres émotions), la flexibilité (adaptation aux changements), le contrôle de ses émotions, la capacité à envisager les perspectives positives.	**L'intelligence sociale** (tournée vers les autres) *via* l'empathie, la conscience organisationnelle (décoder les courants émotionnels et le potentiel des interactions dans un groupe), la gestion douce des conflits, le coaching (identifier et développer les potentiels), le travail d'équipe (favoriser la synergie vers des objectifs communs).	**L'intelligence cognitive** *via* le fait de penser en système, de percevoir les relations multicausales dans tout phénomène ou événement, d'identifier les modèles ou les schémas explicatifs dans les événements répétitifs.

Les dirigeants les plus performants mobilisent davantage leurs compétences socio-émotionnelles (conscience de soi, flexibilité, affirmation de soi…) que les dirigeants les moins performants. Selon Daniel Goleman, à compétences cognitives ou organisationnelles équivalentes, 85 % des écarts de performance, parmi un groupe de dirigeants, s'expliqueraient par leur niveau d'intelligence socio-émotionnelle. Avec sa collègue A. McKee, R. Boyatzis a identifié la conscience de soi comme la compétence majeure du leader « en résonance » ! Tenez, faites le test : êtes-vous capable de décrire précisément votre état intérieur dans cet instant ? Capable aussi d'identifier et de gérer vos propres émotions et celles des autres, de vous réguler face aux situations stressantes quotidiennes ? Faites face au miroir, ne vous mentez plus et acceptez avec lucidité vos forces et vos limites. Sachez vous rendre vulnérable, vous serez perçu comme étant d'autant plus humain et authentique par vos collaborateurs ou vos pairs.

JE FAIS LE POINT

À partir du sous-chapitre ci-dessus, répondez aux questions suivantes. L'idée, ici, est de vous aider à faire le lien entre la méditation et vos compétences de dirigeant:

- parmi les trois formes d'intelligence proposées par le modèle du resonant leadership, quelle est celle que vous utilisez le plus? Le moins?

- Dans quelle situation pourriez-vous utiliser davantage votre intelligence émotionnelle? Donnez un exemple concret.

- Dans quelle situation pourriez-vous utiliser davantage votre intelligence sociale? Donnez un exemple concret.

Quel intérêt pour l'entreprise?

Votre lieu de travail est-il un formidable espace d'épanouissement, d'apprentissage, de rencontres? Ou est-il un lieu de doutes, de contraintes, voire de souffrance (*travail* vient du latin « *tripalium* », « instrument de torture à trois poutres »)? La réalité est probablement entre les deux. Faites le test suivant en répondant honnêtement par rapport à votre entreprise dans les situations suivantes:

- « La surcharge informationnelle et l'ultraréactivité règnent. Avec la transformation digitale, un cadre reçoit en moyenne dix fois plus d'informations qu'il y a quinze ans. Il passe 40 % de son temps à traiter l'information, plutôt qu'à décider ou manager son équipe. » Plutôt vrai – plutôt faux.

- « La surcharge de travail est associée parfois à l'absence de cadre clair ou à l'inadéquation des moyens et des responsabilités. » Plutôt vrai – plutôt faux.

- « La violence verbale ou psychologique existe et peut générer des dégâts considérables. » Plutôt vrai – plutôt faux.

- « L'hyperproductivité, la déshumanisation des relations interpersonnelles, la dispersion géographique des équipes entraînent une perte de repères et un mal-être grandissant. » Plutôt vrai – plutôt faux.

Bilan ? Le constat est souvent plus dur que ce que l'on veut bien voir. Ces quatre facteurs sont parmi ceux à l'origine du désengagement au travail : seuls 9 % des Français se déclarent « engagés » envers leur entreprise (c'est-à-dire « émotionnellement investis et centrés sur la création de valeur pour leur organisation »), contre 26 % d'« activement désengagés », et 65 % de « désengagés » (Gallup 2013).

Pas de fatalité ! La pratique régulière de la pleine conscience est une stratégie possible pour nous aider à rétablir un rapport plus serein avec notre travail, notre santé, notre être profond.

Comment faire en pratique ?

1. D'abord, expliquer pourquoi votre entreprise lance cette démarche et faire le lien avec vos enjeux de transformation. Évitez absolument d'en faire une nouvelle « lubie » des RH ou de la direction générale, ou bien une tentative pour faire accepter plus de changements ou de charge de travail aux salariés.

2. Inscrire la démarche dans une politique plus globale de mieux-être et de respect de la personne au travail. Il serait malsain et manipulatoire d'avoir pour unique intention d'amener les employés à être plus efficaces en leur proposant ce type de programme. La méditation en pleine conscience est bien plus qu'un simple outil, ses effets dépassent le strict cadre du travail : un collaborateur plus serein et conscient est aussi un père ou une mère plus épanouis, un citoyen plus responsable. Dans les sociétés où nous avons introduit ces programmes, ceux-ci sont devenus, la plupart du temps, partie intégrante de leur culture : des réunions avec 3 minutes de pleine conscience au début et à la fin, des pauses régulières et des repas en conscience…

3. La légitimité viendra de l'exemplarité donnée par la direction. S'ils vous voient avec les membres de votre comité exécutif participer activement aux cours de méditation, les collaborateurs n'iront-ils pas eux-mêmes plus libérés ? Soyez-en convaincu ou ne le faites pas. Montrez-leur que faire une

« pause » de 15 minutes prises sur leur temps de travail pour méditer est un précieux investissement, et non une perte de temps ! Encouragez et récompensez les premiers volontaires, ils en entraîneront peut-être d'autres plus hésitants. Proposez des conférences découverte pour donner envie.

4. Mesurer et marketer les preuves scientifiques de ce type de programme. Un gain de 47 minutes de productivité par semaine et par personne a été constaté par une étude américaine. Faites remplir des questionnaires internes, permettez aux volontaires de partager leurs ressentis.

5. Déployer au plus grand nombre et rendre la démarche pérenne. Embarquer les managers est essentiel, car ce sont eux qui vont offrir (ou non) à leurs collaborateurs ce temps pris sur les heures de travail ! Parmi les moyens viables pour toucher le plus grand nombre : les leçons enregistrées en vidéo à diffuser en replay ou en live webinar, l'utilisation des applis de e-mindfulness combinée à des sessions *live*. Encourager la poursuite de la pratique postprogramme par des sessions courtes (15 minutes), et nourrir la connexion sociale et communautaire incroyable que génère ce type d'initiative.

6. D'autres conditions de réussite : les temps de pratique devraient être proposés sur la base du volontariat car ils requièrent une maturité sur les bienfaits d'un travail sur soi. Tout le monde n'est pas d'emblée ouvert à cette approche. Il faut avoir des horaires compatibles avec le rythme d'une entreprise : le matin avant les réunions, à l'heure du déjeuner ou bien après 18 heures. Les durées doivent être courtes (30 minutes à une heure par session) et les formats variés (individuels, collectifs, présentiels ou à distance, utiles pour les personnes itinérantes ou loin du siège). De plus, ces programmes nécessitent impérativement des instructeurs qualifiés et expérimentés (notamment certifiés par le Center For Mindfulness et dont on trouve la liste sur le site de l'ADM[1] pour la France).

---

1. www.association-mindfulness.org

POURQUOI ÇA MARCHE

Vingt ans de preuves pour les sceptiques

Avouez-le, vous êtes intéressé, mais encore un peu sceptique. Nous avons, nous aussi, voulu appuyer nos convictions et notre expérience de la pleine conscience par des preuves scientifiques. Les journaux s'emparent du sujet régulièrement[1]. Voici celles que nous avons sélectionnées pour vous depuis vingt ans et qui démontrent les bienfaits de la méditation. Cochez celles qui vous « parlent » le plus :

- sur notre **santé** : baisse de la détresse psychologique (dépression et anxiété), meilleures estime de soi et conscience de soi. Circulation sanguine stimulée, réduction des risques d'accidents cardio-vasculaires ou de tension artérielle. Renforce notre résilience et diminue les risques d'épuisement moral et physique. L'université de West Virginia a proposé à 141 adultes stressés de suivre le protocole MBSR évoqué plus haut : à l'issue du programme, on a constaté une baisse de 31 % de la détresse psychologique chez les sujets.

- Sur nos **capacités cognitives** : plus grande faculté de concentration, meilleure stabilité de l'attention portée à soi, à ses tâches, aux autres, ouverture d'esprit et flexibilité mentale renforcée, donc une plus grande créativité et sensibilité à l'environnement. La firme danoise The Potential Project a monté un programme de pleine conscience sur 11 semaines (à raison d'1 h 30 de pratique par semaine). Les employés étaient encouragés à intégrer la pleine conscience dans le cadre de leurs activités quotidiennes (e-mails, réunions, échanges), plutôt que de mener ces activités en mode automatique. Le chercheur Reb (2012) a mené une étude auprès de 20 cadres ayant suivi ce programme : la pleine conscience aiderait à accroître la concentration, les comportements de citoyenneté organisationnelle et permettrait de réduire l'épuisement émotionnel. Elle induit une relation positive entre la qualité de présence attentive des

---

1. Paul Molga, « La méditation validée par les neurosciences », *Les Échos*, 7 septembre 2015.

leaders et le rendement, le bien-être, la satisfaction de leurs employés et les comportements prosociaux qu'ils mettent en avant.

- Sur nos **relations à l'autre** : méditer nous aide à cultiver nos compétences socio-émotionnelles, donc une plus grande conscience de nos états et de ceux d'autrui. Communication plus simple et fluide, relations moins conflictuelles et plus constructives, capacité à davantage coopérer en tenant compte des points de vue différents du sien. Simon Grégoire et Lise Lachance (2013) ont évalué une intervention inspirée du MBSR, spécialement conçue pour les agents de centres d'appels. Durant 5 semaines consécutives, ces employés ont écouté deux méditations guidées par jour (de 5 à 10 minutes, comme celles proposées dans ce livre). Les résultats ont montré qu'en plus d'aider à réduire la détresse psychologique des agents, la méditation a aussi permis d'accroître la satisfaction de leurs clients car ils se sont dévoilés moins réactifs et impulsifs lors des interactions.

- Sur notre **efficacité professionnelle** : tous les éléments cités précédemment entraînent une meilleure efficacité, un engagement et une satisfaction au travail renforcés. Ajoutons que les méditants développent davantage leur hippocampe, qui joue un rôle majeur dans la mémorisation, l'apprentissage, la vigilance et l'adaptation aux changements.

Eh oui, grâce à sa plasticité, notre cerveau évolue selon la manière dont on l'utilise et permet d'établir de nouvelles connexions neuronales, de cultiver de nouvelles aptitudes ! Nous pouvons donc « muscler » notre cerveau.

Et au pays de Descartes, ça donne quoi ?

Dans un pays qui cultive la rationalité, introduire la pleine conscience au travail relevait du défi. Nous avons voulu en avoir le cœur net. Une étude scientifique inédite en France, initiée par notre think tank l'Institut français du leadership positif, apporte de nouveaux éclairages. Cette recherche, effectuée auprès de 160 volontaires d'entreprises en 2014, démontre les effets potentiels positifs de la pratique méditative au travail. Après 8 semaines de pratique, nous observons :

- une baisse significative du stress perçu (pour 66 % des personnes) pour le groupe « méditant », comparé au groupe « contrôle » ;

- une augmentation de la capacité d'attention (pour 76 %) ;

- un renforcement du mieux-être (pour 83 %) ;

- une hausse de la flexibilité psychologique (capacité d'accueillir une pensée perturbatrice sans la juger pour s'en désengager plus facilement, pour 84 %) ;

- mieux : 100 % des sujets ont nommé au moins deux bienfaits de la méditation.

Nous sommes à présent convaincus que la réduction du stress et l'amélioration du bien-être passent par une augmentation de la pleine conscience. Le plus difficile, dans ce genre d'initiative, est de convaincre les dirigeants. Saluons le courage de ceux, dont Stéphane Perrin (président de Gambro), qui ont participé à notre recherche pionnière et ressenti de réels bénéfices (cf. témoignages vidéo sur www.mbsr-pleineconscience.com).

COMMENT NOTRE CORPS ET NOTRE MENTAL NOUS PIÈGENT

Notre corps, premier outil de travail

Vous vous dites toujours « La méditation, ce n'est pas pour moi, mais pour ces patrons qui manquent de conviction ou d'autorité » ? Vous êtes impassible à l'annonce d'un *profit warning*, de l'échec relatif du lancement d'un nouveau produit pourtant prometteur, du troisième plan de sauvegarde de l'emploi en quatre ans, en observant des signes de défiance temporaire du conseil d'administration ? Tant mieux. Reconnaissons que nous ne sommes pas tous conscients des signaux qui accompagnent ces stresseurs et que la méditation pourrait aider à détecter. Parmi eux :

- maux de tête, tension autour des yeux, mâchoires tendues, gorge irritée ;

- nuque douloureuse, trapèzes en tension ;

- douleurs ou blocage dans le dos ;

- crampes ou douleurs dans le ventre, l'estomac ;

- sensation d'oppression au niveau du plexus solaire ou du cœur, accélération du rythme cardiaque ;

- mains moites, tension et douleurs des muscles du bras, des mains, crampes…

L'EXEMPLE D'UN PATRON DU CAC 40

Si le stress est indispensable, à haute exposition il devient nocif. Chacun l'exprime physiologiquement à sa manière. Le cas de **Christian Streiff**, ancien P.-D.G. de PSA Peugeot Citroën et d'Airbus, est révélateur : ce brillant patron fut victime d'un accident vasculaire cérébral en 2009. Il raconte, dans son livre *J'étais un homme pressé*[1], qu'il n'a pas suffisamment prêté attention aux signes de grande fatigue que lui envoyait son corps, sollicité plus de 16 heures par jour. Peut-être que la pratique de la méditation en pleine conscience lui aurait permis de détecter certains signaux d'alerte de l'éminence d'un AVC.

Le mental et ses processus délétères

Nous avons accompagné des dizaines de dirigeants. Nous constatons que la plupart d'entre eux sont pris au piège de leurs *processus mentaux*. Repérez ci-dessous celui qui domine chez vous :

- pouvez-vous débrancher le « **pilote automatique** » ? Notre esprit vagabonde, au lieu d'être pleinement attentif à ce que nous faisons ou disons. Cas classique : après le trajet du domicile au lieu de travail en voiture, il nous arrive parfois de nous étonner d'être déjà arrivé, le flot de nos pensées nous ayant emmené ailleurs (la réunion de 10 heures, la clôture d'un dossier à valider ce soir, telle décision à prendre). Attention cependant : il est souhaitable, par moments, de laisser son

---

1. Christian Streiff, *J'étais un homme pressé*, Le Cherche Midi, 2014.

esprit gamberger librement, nous emmener dans des rêveries paisibles. Alain Dinin, P.-D.G. de Nexity, s'isole de 30 minutes à une heure par jour. *« Pour ma respiration ou laisser mon esprit vagabonder »*, dit-il. CEO de LinkedIn, Jeff Weiner dit que *« L'outil de productivité le plus important c'est de prendre un temps dans mon agenda, chaque jour, pour être attentif à mon souffle »*. L'entraînement à la pleine conscience nous aide à déconnecter plus régulièrement et plus durablement notre « pilote automatique ».

J'OPÈRE MA TRANSFORMATION

REPÉRER, SANS LE JUGER, NOTRE PILOTE AUTOMATIQUE, EN 3 MINUTES

En pratique

- Je choisis un endroit calme, où je ne serai pas dérangé(e), mon portable est coupé.

- Assis(e) ou allongé(e), je ferme les yeux de préférence. Je prends conscience de mon état intérieur et des pensées ou images qui surgissent, sans me juger. J'observe mes processus mentaux dans mes activités quotidiennes au bureau : écouter quelqu'un, participer à une réunion, déjeuner, faire une pause-café. Suis-je réellement présent(e) à mes activités ? Ou mon esprit est-il ailleurs ? Je repère chaque fois où je bascule en « pilote automatique » ; lorsque j'agis ou pense sans prêter attention à moi-même ou aux autres. Puis, tranquillement, je porte mon attention à ma respiration avant d'ouvrir les yeux et de reprendre mon activité... en conscience.

■ Vider son réservoir d'**autocritiques**. Nous sommes parfois les champions du monde du jugement systématique de soi, des autres. Les exemples sont légion au bureau : *« Suis-je capable ou digne de mener cette restructuration ? Je suis naïve d'avoir pensé y arriver seule ! J'ai manqué d'aplomb lorsqu'on m'a challengé sur le budget. »* Pratiquer la pleine conscience nous aide alors à adopter une attitude ouverte à toutes nos expériences. Ainsi, nous nous serions dit plutôt : « *Tiens, voici une pensée de doute qui s'accompagne d'une boule au ventre. Mais enfin, si l'on me confie cette mission, c'est bien que j'en suis digne et capable de l'accomplir.* »

> « *Ce qui tourmente les hommes, ce n'est pas la réalité, mais les opinions qu'ils s'en font.* »
>
> Épictète

- Stop aux **ruminations** des situations désagréables du passé ou aux **projections** qui ne retiennent souvent que les options les plus pessimistes. Ainsi, il nous arrive de revivre une réunion qui s'est mal passée en culpabilisant de n'avoir pas assez insisté sur tel point, d'avoir manqué l'occasion de dire le fond de notre pensée. De même, il est fréquent de visualiser une scène du futur en s'imaginant ce que l'on redoute qu'il advienne, nourrissant ainsi nos prophéties autoréalisatrices, tellement nuisibles à notre calme mental. La pleine conscience nous aide à repérer ces « voyages dans le temps » de notre esprit et à nous ramener à l'immédiateté de nos expériences. Ça en vaut la peine.

> « *Le secret d'une vie saine de corps et d'esprit est de ne pas regretter le passé, de ne pas s'inquiéter de l'avenir [...], mais de vivre sagement et sincèrement dans le moment présent.* »
>
> Bouddha

- Ces **MIN** (Monologues Intérieurs Négatifs) qui nous minent. Nous avons une grande capacité à **généraliser**. En effet, nous tirons souvent des conclusions générales d'un seul événement ponctuel. L'arrivée d'un nouveau CEO au siège signifie, *en général*, que la « chasse aux sorcières » commence et que l'on est sur un siège éjectable. Nos **raisonnements binaires** nous jouent des tours, car nous avons tendance à envisager une situation ou une relation seulement selon deux critères excessifs et opposés : c'est soit « bien » soit « mauvais ». La pleine conscience amène de la nuance dans nos jugements. Il nous arrive aussi d'**interpréter arbitrairement** une situation et d'en tirer une conclusion négative à partir d'un seul élément. Par exemple : « *Il ne m'a pas demandé mon avis de toute la réunion, donc mon avis ne l'intéresse pas* », ou : « *Je n'ai pas su convaincre, suite à une objection du* board *parmi les douze soulevées, donc je suis fragilisé.* » La pleine conscience n'est pas un aller simple pour le « pays des Bisounours » ; elle n'occulte pas les difficultés, elle permet un rééquilibrage de leurs conséquences.

- **Garder son sens critique** : faire preuve de discernement parmi la masse pléthorique d'informations ou évaluer objectivement les atouts et les faiblesses de son organisation avant de prendre une décision majeure n'est pas chose aisée pour un dirigeant. La recherche conduite par les organisateurs du forum économique mondial de Davos en 2016 sur les compétences clés du dirigeant en 2020 montre que la résolution de problèmes complexes, l'esprit critique (prendre de la hauteur et savoir croiser les opinions) et la créativité devraient être les trois compétences essentielles des dirigeants. Là aussi, pratiquer la méditation peut aider le dirigeant à gagner en clarté d'esprit pour prendre les bonnes décisions.

J'OPÈRE MA TRANSFORMATION

EN PRATIQUE

Mes astuces pour méditer au bureau :

- **je m'installe à mon bureau** : j'inspire et j'expire cinq fois en pleine conscience (quelles sont mes sensations physiques, mes pensées, les émotions éventuelles qui y sont associées ?) ;

- **je traite mes e-mails.** Je prends tranquillement conscience des pensées, des ressentis physiques et émotionnels déclenchés en moi par tel e-mail, reçu ou prêt à l'envoi. Je prends trois respirations en pleine conscience, je relis l'e-mail et j'imagine les réactions ou les intentions qu'il peut susciter. J'ajuste, si nécessaire, le contenu. Selon une étude américaine de 2005, 50 % de nos échanges écrits seraient mal interprétés ;

- **je deviens monotâche** : quand j'écris un e-mail ou une présentation, je ne fais rien d'autre ;
- **j'interagis avec autrui** : je porte mon attention totale à la posture, aux gestes de mon interlocuteur. Je me mets alors à l'écoute de mes propres pensées, de mes émotions, de mes sensations corporelles, je prends conscience de ma respiration ;
- **je fais des pauses** : je m'éloigne de l'ordinateur, je marche en pleine conscience pour prendre l'air ou aller aux toilettes ;
- **je programme des rappels de «pause»** : sur Outlook, ma montre, une application smartphone ;
- **je savoure mon déjeuner** : une fois par semaine, je mange plus lentement et (si possible) en silence, en explorant tous mes sens ;
- **je m'accorde des minutes en pleine conscience** : assis(e) ou debout, je respire normalement en comptant mes cycles de respiration en une minute, sans chercher à réussir un score (faire le moins de cycles possible par exemple). J'observe, sans juger, combien ma respiration devient plus lente lorsque je lui porte attention tranquillement.

CES ENTREPRISES ET CES LEADERS QUI MÉDITENT

Pas seulement des start-up californiennes

Vous pensez que les entreprises qui se mettent à la pleine conscience se comptent sur les doigts des deux mains et se concentrent dans la baie de San Francisco ? Détrompez-vous ! De nombreuses organisations la proposent déjà : Volvo AB, Sanofi, Sodexo, PepsiCo, General Mills, Google, Ford, LinkedIn, Facebook, Twitter, Apple, Casino, Procter & Gamble, GlaxoSmithKline, Deutsche Bank, L'Oréal, GDF Suez, Siemens… Le laboratoire Gambro, en France, offre à tous ses collaborateurs de suivre, parmi d'autres activités, un entraînement à la pleine conscience au travail. Ce programme rencontre un grand succès puisque, même les commerciaux sur la route se connectent à distance pour se régénérer avant un rendez-vous client.

Digital et méditation font bon ménage

L'industrie du numérique en Californie fut l'une des premières à introduire la méditation. Chade-Meng Tan, ingénieur chez Google et méditant, l'y proposa dès 2003. Un paradoxe pour une entreprise qui veut avant tout distraire ! Il développa, au siège de Mountain View, le programme Search Inside Yourself, que 1 000 salariés ont suivi depuis son lancement en 2007, lequel consiste à mêler pleine conscience, intelligence émotionnelle et leadership. Les conférences Wisdom 2.0 connaissent un succès grandissant depuis 2010, et rassemblent chaque année plusieurs milliers de dirigeants autour d'échanges et de pratiques méditatives.

Sans aller jusqu'à méditer, certains dirigeants agissent davantage en conscience, mais toujours au service de la performance de leur organisation. C'est le cas de Lars Sørensen, élu « P.-D.G. le plus performant du monde » par la *Harvard Business Review* en 2015[1]. Le patron du laboratoire Novo Nordisk, spécialiste du traitement du diabète, se place 6e du classement financier et 15e du classement « engagement environnemental et social ». Pas étonnant quand on l'entend affirmer : « *La responsabilité sociale de l'entreprise ne fait que maximiser la valeur de notre entreprise dans le temps… À long terme, les questions sociales et environnementales deviennent des questions financières.* » Mais comment sa culture d'entreprise se traduit-elle concrètement ? Ainsi, les employés doivent faire partie intégrante du processus de décision. L'engagement environnemental et social profond de Novo Nordisk se traduit notamment par des versions génériques ou bon marché de ses propres produits à destination des populations moins favorisées dans les pays pauvres, ou bien par des pratiques restreintes et transparentes en matière de lobbying et

---

1. *Harvard Business Review*, décembre 2015-janvier 2016.

de politique responsable concernant les tests sur les animaux. «*Je suis l'un des P.-D.G. les moins bien payés du top 100 mondial*», annonce-t-il. Question d'équité et de justice.

Et si l'initiative de proposer la pleine conscience au bureau venait du patron? De plus en plus de dirigeants pratiquent la méditation ou suivent un cheminement spirituel, sans s'en cacher. Citons William Ford (Ford), Bob Shapiro (Monsanto), Eric Schmidt (Google), Bill George (ex-Medtronic, Harvard Business School), Emmanuel Faber (Danone) ou Jay Nirsimloo (KPMG). Celui-ci encourage ses collaborateurs à pratiquer, sans jamais le leur imposer: «*Je suis convaincu que la méditation augmente notre éveil et notre résistance au stress, donc notre performance.*» Citons également Christopher Guérin, Senior Executive VP (Nexans), et des dirigeants politiques comme Jimmy Carter, le député anglais Chris Ruane, qui a réussi à convaincre plus de 100 parlementaires de tous bords de suivre un programme de méditation. Ces derniers réfléchissent à présent à son introduction dans les politiques publiques (santé, éducation, justice et criminalité). Le Premier ministre David Cameron s'est engagé à étudier les bénéfices de l'approche avec son ministre de l'Éducation, Liz Truss.

Pas de prosélytisme!

Alors, la pleine conscience, remède miracle pour répondre aux maux de l'entreprise du XXIe siècle? Nous recommandons d'éviter tout prosélytisme. Cette approche ne convient probablement pas à tout le monde, l'imposer à tous les salariés serait une grave erreur tant la démarche est personnelle. Elle soulève d'autres questions: tentation de récupération au service d'une productivité à tout prix, risque de gadgétisation en plaçant cette démarche au même rang qu'une crèche ou qu'un service de conciergerie, cohérence avec la vision et la RSE de l'entreprise, qualification et intégrité des instructeurs...

La méditation en pleine conscience semble connaître un essor important dans les entreprises. Les premières recherches scientifiques sur le lieu de travail et les premiers programmes pour dirigeants et futurs leaders, comme le Positive Leadership eXperience (PLX) conçu par l'Institut français du leadership positif, semblent prometteurs.

Et vous, allez-vous passer votre chemin ou oserez-vous explorer cette invitation à devenir un peu plus vous-même ? Voici un dernier exercice pour vous situer.

JE FAIS LE POINT

Répondez aux questions suivantes par «plutôt oui» ou «plutôt non». L'idée, ici, est de vous aider à vous situer par rapport aux grandes dimensions du leader en conscience:

- «Je suis présent(e) à moi-même, à mes pensées, à mes émotions. Je sais nommer ce que je ressens, et détecter et gérer mon état de stress.»

- «Je suis présent(e) aux autres, sais décoder les émotions, et porter toute mon attention sur l'écoute et la compréhension des pensées et des besoins d'autrui. Sans les juger, sans anticiper mes propres réponses.»

- «Je suis authentique dans mes différentes postures, sais me montrer vulnérable, j'ose dire que je ne sais pas et assume mes erreurs.»

- «Je base mes décisions sur ma capacité de discernement, de responsabilité lucide, sur l'attention portée aux réactions d'autrui.»

- «Je suis ouvert(e) aux changements, aux idées différentes des miennes.»

- «Je mobilise une flexibilité permanente pour réajuster le cap, suis capable de «pivoter» (approche *lean startup*) pour réinventer ou faire évoluer la culture d'entreprise et son business model.»

- «Je trouve des leviers motivationnels ailleurs que dans la quête épuisante du pouvoir ou de la reconnaissance.»

Quelle idée, pratique ou connaissance scientifique vous a le plus marqué? Comment a-t-elle influé sur l'impact et le sens de vos actes et paroles en tant que leader?

CHAPITRE 3

CULTIVER L'OPTIMISME POUR LIBÉRER L'AUDACE ET BÂTIR DEMAIN

Être un dirigeant optimiste vous propulse souvent soit dans la catégorie des « doux rêveurs idéalistes et naïfs », soit dans celle des « manipulateurs cyniques » qui font semblant de faire croire en un meilleur possible. Est-il raisonnable d'être optimiste quand on dirige une organisation ? Et comment cultiver ce trait de caractère si précieux dans un environnement de travail, médiatique et sociétal, qui vous donne tant de bonnes raisons de verser dans le pessimisme ? La période de profonde transformation que nous vivons, porteuse de tant de doutes et d'angoisse, réclame des dirigeants un leadership positif d'action et d'enthousiasme. Car non seulement l'optimisme se muscle, mais il génère des bienfaits insoupçonnés pour soi, son équipe et son organisation. Il est, avec l'imagination, l'une des clés pour bâtir le monde de demain. Alors, chaussons les lunettes du Leader positif et optimiste.

RÉHABILITER L'OPTIMISME

> *« Je ne suis ni un optimiste ni un pessimiste, mais un possibiliste. »*
> Max Lerner

Réaliste ou optimiste ?

À la question « Êtes-vous optimiste ? », combien de fois nous a-t-on répondu : « Non, je suis réaliste » ? Comme si les deux s'opposaient. « Optimisme » vient du latin « *optimus* » (« le meilleur »), c'est la tendance à voir les choses en bien. L'optimisme émerge d'une évaluation plus aiguisée de la réalité, condition pour envisager le possible. Il est réalisme, et non idéalisme. C'est un trait de caractère, un sentiment positif, une disposition façonnée par notre éducation, notre environnement, nos expériences. Comment interprétez-vous ce qui vous arrive ? Si vous pensez qu'une bonne chose est due au hasard (vous n'y êtes pour rien), a peu de chance de se reproduire (car la chance, ça ne dure pas) et dépend du contexte (les conditions étaient uniques), vous semblez être pessimiste. Si, au contraire, pour la même bonne nouvelle, vous êtes convaincu d'y être personnellement pour quelque chose, qu'elle a des chances de se reproduire dans le temps et peut se généraliser à d'autres domaines, alors vous basculez dans le camp des optimistes.

C'est Martin Seligman, chercheur américain, qui a développé (à partir des travaux de John Teasdale) ce modèle d'explication à trois variables pour déterminer notre nature positive ou négative.

Première variable : la *permanence* des phénomènes (dimension temporelle). L'optimiste dira d'un événement négatif : « Ce client nous fait défaut ce trimestre », tandis que le pessimiste évoquera un caractère permanent au même événement en disant : « Ce client n'a jamais été fiable, il a toujours une bonne raison de ne pas nous suivre. » L'explication est strictement inverse en cas d'événement positif. Le pessimiste avancera que « La conjoncture est exceptionnellement bonne ce trimestre, ça ne va pas durer », alors que l'optimiste se dira : « Nous sommes partis pour une véritable reprise qui va durer. »

Deuxième variable : la *généralisation* des phénomènes (dimension spatiale). L'optimiste dira d'un événement négatif : « Ce collaborateur talentueux nous quitte parce qu'il n'a pas su s'adapter » (cause spécifique), son pendant pessimiste avancera plutôt : « Tous nos meilleurs collaborateurs nous quittent en général, nous sommes incapables de les retenir » (cause universelle). Et, de nouveau, le schéma s'inverse pour un événement heureux.

Troisième variable : la *personnalisation* des phénomènes (dimension d'intériorité/extériorité). L'optimiste dira d'un événement malheureux : « Je n'y suis pour rien sur ce coup-là, la prochaine fois, la chance va me sourire. » Du même événement, le pessimiste dirait : « C'est entièrement de ma faute, je ne suis pas doué pour ça. » Dans le cas d'un événement heureux, l'optimiste intériorise et s'en attribue les causes, le pessimiste extériorise et en attribue le mérite à autrui. En résumé, le dirigeant optimiste extériorise les événements négatifs et intériorise les bonnes choses. Son homologue pessimiste manque d'estime de lui-même et fait le contraire : il extériorise les bonnes nouvelles, et intériorise les difficultés et les mauvaises passes.

Ce que n'est pas l'optimisme

Vous vous dites peut-être qu'être optimiste, c'est un peu de méthode Coué ou de pensées positives. Vous n'y êtes pas. Point d'optimisme béat, d'autosuggestion naïve, ou l'idée qu'il suffirait de désirer avec ardeur une chose pour qu'elle se réalise. Encore moins de myopie à refuser de voir ce qui ne va pas ou à prendre ses rêves pour des réalités. La célèbre maxime churchillienne *« Un pessimiste voit la difficulté dans chaque opportunité, un optimiste voit l'opportunité dans chaque difficulté »* résume à merveille l'essence de l'optimisme : un acte de foi, une attitude volontaire qui consiste à aborder de manière délibérée les difficultés d'une façon résolument positive et active. Et quand on dirige une entreprise ou une organisation, notre devoir n'est-il pas de remplir le réservoir à engagement et de motiver nos équipes ? Pessimistes invétérés, cet exercice est pour vous.

J'OPÈRE MA TRANSFORMATION

LE MMP : MEILLEUR MOI POSSIBLE
(15 minutes tous les jours, pendant 2 semaines)

Objectif : parfois, nos objectifs peuvent nous sembler inatteignables. Mais les recherches scientifiques suggèrent que cultiver son optimisme quant à l'avenir peut nous aider à travailler à l'atteinte de nos buts, et ainsi les rendre plus susceptibles de devenir réalité.

En pratique

Je prends un moment pour imaginer ma vie dans l'avenir. Quelle est la meilleure vie possible que je pourrais imaginer? Je tiens compte de tous les domaines pertinents de ma vie: carrière, connaissances, relations, loisirs, santé. Qu'est-ce qui se passerait pour chaque domaine de ma vie dans ce meilleur avenir possible?

Pendant 15 minutes, j'écris en continu sur ce meilleur avenir possible. Au besoin, je tiens compte des instructions ci-dessous:

1. Je peux être tenté de penser à tous les obstacles ou difficultés rencontrés. Pour que l'exercice soit productif, je me concentre uniquement sur l'avenir en imaginant un futur idéal dans lequel je suis au meilleur de moi-même et pour lequel les circonstances changent favorablement, afin que ce futur se produise.

2. Cet exercice est plus utile quand il est très spécifique. Si je pense à un nouvel emploi, j'imagine exactement ce que je veux faire, avec qui je souhaite travailler, et où. Plus je suis précis, plus j'en tirerai des bénéfices.

3. J'essaie d'être le plus créatif et imaginatif possible. Je ne prête pas attention à la grammaire ou à l'orthographe.

Les recherches scientifiques démontrent que les personnes qui ont fait cet exercice tous les jours pendant 2 semaines ont ressenti une augmentation de leurs émotions positives 2 semaines après la fin de l'étude[1]. Or, le ressenti régulier d'émotions positives renforce les liens sociaux et contribue à notre bien-être durable (cf. chapitre 5 « Tisser du lien »).

---

1. Kennon M. Sheldon, Sonja Lyubomirsky, "How to Increase and Sustain Positive Emotion: the Effects of Expressing Gratitude and Visualizing Best Possible Selves", *The Journal of Positive Psychology*, numéro 1 (2), 2003, pp. 73-82.

JE FAIS LE POINT

À partir du sous-chapitre ci-dessus, répondez aux questions suivantes. L'idée, ici, est de vous aider à faire le lien entre l'optimisme et vos besoins de dirigeant :

- Quelle perception ou croyance aviez-vous de l'optimisme avant de lire ce texte ?
- Au fond, quels sont les trois mots qui caractérisent l'optimisme pour un dirigeant ?
- Pour chaque situation difficile que vous rencontrez, les obstacles ou les causes sont-ils permanents (ou ponctuels), généralisés (ou spécifiques), personnels (ou extérieurs à vous) ?
- Que pouvez-vous entreprendre d'audacieux dans le mois qui vient ?

ARROSEZ RÉGULIÈREMENT VOTRE OPTIMISME

Un capital précieux

Comme une plante, notre capital d'optimisme doit être régulièrement arrosé si l'on souhaite le voir grandir. Sinon, les mauvaises herbes du pessimisme viendront vite l'étouffer. Avec le sentiment d'efficacité, l'espoir et la résilience, l'optimisme compose notre « capital psychologique », indispensable pour enchaîner les vagues successives de changements dans les organisations.

Faites le test ci-dessous pour repérer, très vite, si vous êtes un dirigeant de nature optimiste ou non :

- « J'ai tendance à me concentrer davantage sur le possible et le positif, que sur l'impossible et le négatif. » Plutôt oui – plutôt non.
- « Je reste conscient(e) de mes erreurs, des dangers, des risques, de la réalité, des revers, mais je m'astreins à la discipline de penser en termes positifs. » Plutôt oui – plutôt non.

- « Je vois d'abord les possibilités, les opportunités, les options possibles, les alternatives face à n'importe quelle situation. » Plutôt oui – plutôt non.

- « Je suis intimement convaincu(e) de la puissance de l'optimisme pour construire et élargir tout potentiel positif, pour encourager de nouvelles idées ou actions, et inspirer productivité et créativité en soi et auprès de mes collaborateurs. » Plutôt oui – plutôt non.

Alors ? Une majorité de « oui » indique une nature résolument positive. Dans le cas contraire, rappelez-vous deux choses : pas de fatalité, l'optimisme est un trait qui se développe. Et le pessimisme, dans sa version « réalisme lucide », est parfois indispensable pour prendre des décisions ou survivre, nous y reviendrons.

L'EXEMPLE D'UN PATRON AMÉRICAIN OPTIMISTE

Howard Schultz, CEO de la chaîne Starbucks, incarne la dimension positive du dirigeant : contre l'avis de ses premiers patrons, il lance le premier *coffee bar* avec succès. Malgré la hausse des coûts de frais de santé, il décide d'offrir cette couverture à ses salariés. Malgré la récession de 2008, il lance le programme Create Jobs for USA. Face à la hausse des frais de scolarité, Schultz offre gratuitement une université en ligne. Face au chômage des vétérans d'Irak et d'Afghanistan, il décide d'en recruter systématiquement. Désireux d'une culture d'entreprise socialement responsable, H. Schultz tourne le dos aux perspectives sombres et fait le pari du possible, du positif, porté par une vision responsable du capitalisme : « *Notre business n'est pas de remplir des estomacs, mais de nourrir les âmes.* »

Les émotions positives sont notre carburant

Les affects positifs comme la joie, le fait de savourer chaque expérience, d'apprécier les situations positives, d'être reconnaissant des circonstances favorables… nous aident à nous réaliser, nous épanouir. Ces émotions positives sont notre carburant pour voir les nouvelles opportunités, nourrir notre créativité et nos liens sociaux, rebondir après un revers, et développer notre générosité et notre capacité à coopérer. Comme les voiles sur un voilier, les émotions positives nous guident vers nos objectifs, nos espoirs ou nos rêves. L'optimisme est l'une de ces émotions positives, il nous rend plus performant, plus engagé, en meilleure santé et plus sociable. Sollicité régulièrement, l'optimisme nous aide à atteindre plus facilement nos objectifs car il mobilise notre recherche de solutions créatives, notre persévérance et notre capacité d'adaptation.

À quoi servent nos émotions négatives ?

Y a-t-il du positif à être pessimiste ? Tout dirigeant possède une dose de réalisme face aux difficultés ou aux choix délicats. Imaginez un capitaine de navire qui ne tiendrait pas compte de la présence d'icebergs ou d'une tempête annoncée… La raison d'être du réalisme et des émotions négatives est de nous permettre de survivre, de rester en sécurité. Face aux dangers immédiats, ou s'il y a risque, le pessimisme réaliste s'impose. D'ailleurs, les optimistes ont plus d'accidents professionnels que les pessimistes, car ils ont tendance à moins se protéger que les autres. En revanche, le pessimisme ou la négativité gratuite et systématique mènent au cynisme.

C'est notre cerveau reptilien qui guide les trois attitudes de survie : combattre, fuir ou se soumettre. C'est lui aussi qui explique notre penchant naturel à envisager plutôt le pire que le meilleur. Selon Joanne Wood, la pensée positive peut présenter des dangers pour les personnes fragiles, ayant une faible estime d'elles-mêmes. En effet, l'autosuggestion par les messages positifs s'oppose à la vision négative qu'elles ont d'elles, développant leur mauvaise estime d'elles-mêmes. La positivité « à tout prix » peut entraîner une pression anxiogène (« Je dois penser positif »), ainsi qu'une illusion (« Je vais forcément réussir »), fragilisant davantage les personnes peu sûres d'elles. Le pessimisme a ceci de bon qu'il nous force à comprendre ce qui ne va pas, à avoir une juste appréciation de la réalité et à éviter une forme de myopie qui empêche certains dirigeants de voir la réalité telle qu'elle apparaît. Comme la quille d'un voilier, les émotions négatives nous aident à garder le cap dans la tempête : à nous mobiliser pour nous défendre, à nous centrer sur le problème et à nous interroger sur les causes et les conséquences de nos erreurs, à protéger nos ressources et porter notre attention sur nos besoins et notre sécurité face aux dangers. Sans oublier non plus que les pessimistes n'ont pas le monopole du réalisme ! Voici un exercice qui vous permettra d'arroser régulièrement votre optimisme.

J'OPÈRE MA TRANSFORMATION

MOBILISER SES POINTS FORTS (une fois par jour, 15 minutes, pendant une semaine)

Objectif : parfois, nous accordons beaucoup plus d'attention à nos faiblesses et nos limites qu'à nos forces. Pourtant, les recherches scientifiques suggèrent que porter de l'attention à nos forces personnelles peut augmenter notre épanouissement et réduire nos angoisses. Cet exercice vous propose d'identifier l'un de vos points forts et d'examiner comment vous pourriez l'utiliser d'une manière nouvelle et différente.

En pratique

1. Prenez un moment pour réfléchir à l'un de vos points forts, par exemple la créativité ou la persévérance. Notez comment vous pourriez utiliser cette force d'une manière nouvelle et différente. Par exemple, pour la persévérance, vous pourriez faire une liste des tâches difficiles, puis essayer de les aborder différemment. Si vous choisissez la curiosité, vous pourriez tenter une activité que vous n'avez jamais essayée auparavant.

2. Décrivez par écrit la force personnelle que vous prévoyez de mobiliser aujourd'hui et comment vous comptez l'exploiter. Puis mobilisez cette force aussi souvent que possible tout au long de la journée.

3. Répétez les étapes ci-dessus tous les jours pendant une semaine. Vous pouvez travailler la même force personnelle sur plusieurs jours, ou essayer d'utiliser une nouvelle force personnelle chaque jour.

4. À la fin de la semaine, rédigez une synthèse sur les forces personnelles sur lesquelles vous vous êtes concentré pendant la semaine et la façon dont vous les avez utilisées. Entrez dans le détail de ce que vous avez fait, comment vous vous sentez et ce que vous avez appris de cette expérience.

Les recherches scientifiques démontrent qu'utiliser une force personnelle chaque jour pendant une semaine conduit à une augmentation de son niveau de bonheur et à une diminution des symptômes de la dépression dans la semaine qui suit l'expérience, et on constate aussi que les effets persistent pendant six mois. Réfléchir à ses forces peut aider à se rappeler ses qualités positives, et, de fait, renforcer la confiance et l'estime de soi qui, à leur tour, nourrissent notre bonheur[1].

POURQUOI ÇA MARCHE

> *« Pour que le possible se réalise, il faut toujours tenter l'impossible. »*
> Hermann Hesse

Le chercheur Fred Luthans a travaillé sur le concept de « capital psychologique » composé d'espoir, d'optimisme, d'efficacité et de résilience. Lorsque ce capital est développé chez les collaborateurs, les entreprises libées peuvent en tirer de substantiels profits. Par ailleurs, Arakawa et Greenberg ont démontré que les salariés dont les managers sont optimistes sont plus souvent eux-mêmes, optimistes, engagés, et donc plus performants.

---

1. M. Seligman, T.A. Steen, N. Park, C. Peterson, « Progrès positif de la psychologie – La validation empirique des interventions », *American Psychologist*, numéro 60 (5), 2005, pp. 410-421.

D'autres recherches soulignent que l'optimisme managérial est corrélé à de meilleures évaluations des collaborateurs, satisfaction et bien-être au travail[1]. Emma Seppälä et Kim Cameron, chercheurs américains[2], ont montré qu'une culture positive au travail génère plus de productivité. Les entreprises à fort stress négatif en ignorent les « coûts cachés » : augmentation accrue des dépenses de santé (estimées à 500 milliards de dollars aux US, liées à l'absentéisme, aux accidents et maladies du travail), dégradation de l'engagement (associée à une baisse de 18 % de la productivité et de 16 % de la profitabilité selon la Queens School of Business and Gallup), et, enfin, baisse de la fidélité à l'employeur (le coût du turnover s'élève à 20 % du salaire d'un employé selon le Center for American Progress). Alors, comment faire pour développer cette culture positive au travail ? Certains dirigeants pensent avoir trouvé la solution en offrant des conditions matérielles de travail plus avantageuses, comme le télétravail, les horaires flexibles ou des cours de gym au bureau. Bien que ces mesures soient louables, Il faut chercher ailleurs. Les recherches scientifiques démontrent que le bien-être est davantage prédictif de l'engagement que les conditions matérielles. C'est ce bien-être qui construit cette culture positive au travail. Les deux chercheurs en proposent six ingrédients essentiels :

- prendre soin de, s'intéresser à et se sentir responsable de ses collègues ;
- apporter son soutien à ses collègues, bonté et compassion quand ils sont en difficulté ;
- éviter de blâmer, pardonner les erreurs ;
- inspirer les uns les autres au travail ;
- insister sur la pertinence et le sens du travail ;
- traiter les individus avec respect, gratitude, confiance et intégrité.

Certes, mais en quoi votre rôle de dirigeant peut-il impacter une telle culture positive ? Ces chercheurs suggèrent quatre étapes, ci-dessous développées, que vous pourriez suivre.

1. Carolyn Youssef, Fred Luthans, *Journal of Management*, numéro 33 (5), 2004, pp. 774 et suivantes.
2. Emma Seppälä, Kim Cameron, *Harvard Business Review*, décembre 2015.

J'OPÈRE MA TRANSFORMATION

ENCOURAGER UNE CULTURE DE TRAVAIL POSITIVE
(pendant 4 semaines et plus…)

Objectif : s'entraîner à montrer l'exemple à travers un comportement de dirigeant positif. Essayez, dans les quatre semaines qui viennent, de franchir sincèrement ces quatre étapes. Notez les effets positifs sur vous-même et vos équipes.

En pratique

1. Encourager les liens sociaux. Créez le maximum d'opportunités de rencontres, d'échanges authentiques (petit-déjeuner mensuel avec les employés, temps d'inclusion lors de chaque réunion, résolution collective des difficultés). Sarah Pressman, de l'université de Californie Irvine, a constaté que la probabilité de mourir prématurément est 20 % plus élevée pour les personnes obèses, 50 % plus élevée pour les fumeurs, mais surtout 70 % plus élevée pour les personnes ayant peu de relations sociales ! À quand remonte votre dernière visite à vos collaborateurs ? Allez-vous saluer tous les matins les personnes de votre étage ?

2. Montrer de l'empathie. En tant que dirigeant, vous avez un énorme impact sur le ressenti global de vos employés vis-à-vis de l'entreprise. Le Compassion Lab du Michigan suggère que les dirigeants qui font preuve de compassion envers leurs employés favorisent la résilience individuelle et collective dans les périodes de changement. Comment exprimez-vous votre empathie de manière sincère ? Celle-ci n'excluant ni l'exigence ni la rigueur.

3. Repenser votre façon d'aider. Se mettre au service de ses employés est un levier pour les inspirer et les rendre plus fidèles et dédiés à l'entreprise, mais également plus coopératifs entre eux. À combien évaluez-vous la confiance que vos collaborateurs mettent en vous sur une échelle de 0 à 10 ? Quelles sont les trois dernières propositions d'aide que vous avez eu à faire ? Comment vous êtes-vous senti ? Qu'avez-vous observé chez les collaborateurs aidés ?

4. Encourager les gens à venir vous parler, en particulier de leurs problèmes. Inspirez-vous la sécurité ou bien la peur? Amy Edmondson, d'Harvard, démontre qu'une culture de la sécurité (dans laquelle les dirigeants sont inclusifs, humbles et encouragent leur équipe à prendre la parole ou à demander de l'aide) amène à un meilleur apprentissage et à de meilleurs résultats, et contribue à encourager l'esprit d'expérimentation, si critique pour l'innovation. Vos collaborateurs viennent-ils vous parler spontanément? À quand remontent vos derniers échanges sincères avec votre équipe directe, hors entretien annuel? Venir parler de ses problèmes, associé à une culture orientée «solution», mène souvent à de bons résultats.

Allez, avouez-le, ces principes sont éloignés de ce que l'on vous a enseigné lors de vos études. Montrer de l'empathie ou se mettre au service de ses équipes semble relever d'un patron trop gentil ou faible, non? Commencez à vous entraîner à une culture de travail positive et optimiste avec les collaborateurs dont vous vous sentez proche. S'exposer ainsi réclame courage et travail sur soi, ainsi qu'humilité et patience. Pour vous en convaincre, lisez le best-seller du professeur de Wharton, Adam Grant, *Give and Take*[1] : la bonté et la générosité, parce qu'elles contribuent au bien-être et aux émotions positives, sont de bons prédicteurs de l'efficacité collective, de l'engagement et de la performance. Alain Braconnier[2] propose de favoriser les attitudes suivantes dès le plus jeune âge : insister sur le fait qu'entreprendre une seule chose à la fois permet de mieux la réaliser, encourager la ténacité pour réussir ce que l'on a commencé, partager les sourires et les rires. Stimuler la curiosité, le goût de la connaissance et même l'émerveillement favorise l'optimisme chez l'enfant un peu plus âgé. Ces principes valables pour nos enfants le sont aussi pour nos collaborateurs.

L'optimisme se travaille d'abord dans l'attitude au quotidien, au bureau. Essayez de :

- repérer tout ce qui est positif dans votre vie professionnelle ;

---

1. Adam Grant, *Give and Take*, Paperback, 2014.
2. Alain Braconnier, *Optimiste*, Odile Jacob, 2015.

- vous éloigner des cyniques, des pessimistes systématiques, des « toxiques ». Entourez-vous principalement de personnes optimistes et enthousiastes ;
- identifier vos forces et les exploiter ;
- ne pas ruminer et faire la paix avec votre passé ;
- lire des ouvrages positifs, et surfer sur les sites Internet optimistes et positifs ;
- tenir un journal de gratitude où vous listerez tous les événements positifs de votre journée ;
- chaque fois que vous apprenez une bonne nouvelle, parlez-en à trois personnes (au moins !) ;
- être altruiste : offrez votre aide, des sourires, partagez votre parapluie, défendez des causes, impliquez-vous dans une association.

JE FAIS LE POINT

À partir du sous-chapitre ci-dessus, répondez aux questions suivantes. L'idée, ici, est de vous aider à faire le lien entre l'optimisme et vos besoins de dirigeant :

- **Quels sont les leviers d'efficacité de l'optimisme ?**

....

- **Qu'êtes-vous prêt à abandonner (croyance, pratique) pour développer votre leadership optimiste ?**

....

- **Quel premier comportement plus optimiste décidez-vous ?**

....

DEVENIR UN LEADER OPTIMISTE

Rien d'impossible à pivoter vers le Leader positif. Vous en doutez encore ? L'optimisme est affaire de volonté, prévenait Alain. Alors, bousculez vos croyances en approfondissant progressivement les pistes suivantes.

Explorez le possible

Un Leader positif se centre d'abord sur les points de force et les noyaux de réussite de son organisation et de ses équipes. Il est convaincu qu'une solution existe et qu'elle doit avant tout mobiliser les forces, les qualités, plutôt que combler les lacunes ou corriger les faiblesses. Un discours résolument constructif et positif entraîne des comportements et des changements positifs. La démarche de l'Appreciative Inquiry, développée par David Cooperrider[1], propose de partir du questionnement appréciatif pour opérer un changement. Faites l'exercice suivant en duo, en répondant chacun à votre tour aux questions.

EXEMPLE : DANS LE CONTEXTE D'UN PROJET IMPORTANT DE TRANSFORMATION DE VOTRE ORGANISATION

Q 1 : si vous deviez raconter avec détails et passion à votre interlocuteur une histoire professionnelle réussie où vous vous êtes senti(e) plein(e) de ressources, lors d'un changement majeur dans votre société actuelle ou antérieure, que lui diriez-vous ?	Q 2 : sans fausse modestie, qu'avez-vous mis en œuvre pour réussir pendant cette période ? Quelles qualités ou aptitudes avez-vous mobilisées pour réussir cette transformation ? De quoi avez-vous été le/la plus fier(e) ?	Q 3 : quels sont les trois souhaits concrets que vous formuleriez pour mieux appréhender les transformations à venir ? Nous sommes dans un an, décrivez avec précision ce qui se passe autour de vous après la mise en œuvre réussie de cette transformation. Que voyez-vous, qu'entendez-vous autour de vous ?

Privilégiez l'action au constat

Les Français sont les rois des rapports en tout genre et des constats sans fin. Le Leader positif croit au pouvoir de l'action, de l'engagement, donc au droit d'essayer et de se tromper. Il se centre sur le « comment faire différemment », plutôt que de s'attarder sur le « pourquoi ça n'a pas marché ». Même si cette

1. David Copperrider, *Appreciative Inquiry Handbook*, Lakeshore Communications, 2003.

dernière analyse est indispensable, elle ne doit pas monopoliser le temps et les énergies. Le corollaire du pouvoir de l'action réside dans le devoir de réessayer, de prendre des risques, de persévérer et dans le droit d'échouer. La peur de se planter paralyse souvent l'envie d'essayer, de tenter. Or, l'échec est inhérent au succès ; il est même, pour le Leader positif, une opportunité pour apprendre et persévérer, un cadeau caché pour devenir un optimiste invétéré, confiant dans ce futur incertain.

Qu'avez-vous fait de plus audacieux dans votre carrière et dans votre vie ? Quel est le coup d'audace que vous reconnaissez chez les personnes que vous admirez le plus ? Remontez le film de votre vie : quand vous êtes-vous dit pour la dernière fois : « Mon sort ne dépend que de moi, de mon énergie, de ma volonté », « Mes chances de réussite existent réellement. Même s'il y a un risque d'échouer, je tente ! ». L'incertitude et la volonté sont les confidentes de l'audace. Chacune nourrit cet équilibre fragile entre évaluation des probabilités et désir d'action. Vous l'avez compris, le Leader positif parie sur le pouvoir de l'action, du mouvement, de l'expérience, de l'audace !

Remplissez le réservoir à succès

Il est tellement facile de prédire les difficultés et de pointer les échecs que célébrer les victoires, même furtives, n'est pas toujours bien vu dans nos entreprises. Le leader optimiste, au contraire, encourage à traquer et célébrer chaque succès. Encourager les efforts et reconnaître les premiers résultats aide à remplir le « réservoir confiance » de ses équipes et à oser la fierté de réussir. Rappelons-nous que plus nous nourrissons notre optimisme, plus celui-ci grandit au détriment de son rival, le pessimisme. L'espoir, ce chemin pour envisager l'optimisme, est un levier qui aide les dirigeants à se centrer sur leur vision du futur.

Soyez fier(e), plus souvent

La fierté fonctionne aussi comme un réservoir qu'il faut régulièrement remplir. Consigner fréquemment par écrit ses motifs de fierté augmente notre bien-être subjectif, selon les chercheurs.

Et si vous couchiez sur votre carnet de voyage intérieur trois à cinq sources de fierté personnelle et professionnelle tous les jours, pendant trente jours ? Ne soyez pas trop exigeant avec vous-même, notez les fiertés quotidiennes, même anodines ou légères (convaincre un collaborateur, finir à l'heure un comité de direction, tenir bon dans une négociation, obtenir un sourire de votre assistante). Et, surtout, décrivez les ressources, les qualités que vous mobilisez. Relisez à voix haute en démarrant par « Je suis fier(e) de… », « Je ressens… ». La fierté relève notamment de notre capacité de s'autoriser (à penser, faire, dire, ressentir). Alors, autorisez-vous à être fier(e) de vous, pour une fois.

Chaussez de nouvelles lunettes

Efforcez-vous d'avoir un regard neuf sur chaque situation dans votre entreprise, en observant davantage les gens et les situations. Vous découvrirez de belles réalisations, ce qui est beau et source de fierté. Entrez ces images en mémoire pour les utiliser régulièrement, et entraîner ainsi votre cerveau à voir d'abord ce qui marche. Rick Hanson[1] propose de s'émerveiller plus souvent, par les miracles de notre corps (notre incroyable dextérité, par exemple), en se surprenant à improviser, en changeant nos rituels de réunion par exemple, en rencontrant des collaborateurs sans intention particulière mais avec une attention ouverte, sans jugement mais avec beaucoup de curiosité, en listant tous les ennuis qui ne sont pas arrivés à ce jour… Bref, casser la routine quotidienne permet de muscler notre neuroplasticité et de développer plus d'optimisme. Voici un rituel ludique, facile à adopter, pour chausser les lunettes du Leader positif :

- pendant une semaine, abordez tous les sujets avec le regard neuf d'un « extraterrestre » ;
- mettez une paire de lunettes factice, chaque fois que vous faites face à une difficulté, une contrariété ou une bonne nouvelle, et demandez-vous : « Qu'est-ce qui fonctionne très bien ? De

---

1. Rick Hanson, *Le Cerveau de Bouddha*, Pocket, 2013 et *Le Pouvoir des petits riens*, Pocket, 2015.

quoi devons-nous être fiers? Et si je découvrais cela pour la première fois, par quoi serais-je émerveillé? » ;

- observez les réactions en vous et autour de vous. Attention! Contagion probable.

JE FAIS LE POINT

À partir du sous-chapitre ci-dessus, répondez aux questions suivantes. L'idée, ici, est de vous aider à faire le lien entre l'optimisme et vos besoins de dirigeant:

- parmi les cinq caractéristiques d'un leader optimiste, à savoir: explorer le possible, privilégier l'action, remplir le réservoir à succès, être fier plus souvent, chausser de nouvelles lunettes, laquelle pouvez-vous mettre en place rapidement? Comment, concrètement?

- Que faites-vous ou dites-vous au quotidien pour entraîner positivement vos collaborateurs et développer leur enthousiasme?

- Quelle nouvelle pratique décidez-vous de mettre en place dès demain?

CES ENTREPRISES ET LEURS LEADERS OPTIMISTES

Si l'on vous demande de nommer un leader qui vous a inspiré, il y a de bonnes chances que vous parliez de son optimisme. L'espoir est une croyance profonde que la situation, le monde, les individus peuvent et vont changer, en mieux. Desmond Tutu, Gandhi, Nelson Mandela, Richard Branson ou Muhammad Yunus (fondateur de la Grameen Bank) ont cru en un monde meilleur, et ont activement exploré et mobilisé les potentialités de l'homme, malgré l'adversité. Ils ont contribué à changer le cours de l'histoire ou de leur organisation. Vous avez sûrement vos propres références en la matière.

Optimisme rime avec performance

Vous pensez que les entreprises et leurs leaders optimistes, doux rêveurs, sous-performent face aux entreprises traditionnelles ? Détrompez-vous. Prenez le cas cité par Martin Seligman dans son livre *La Force de l'optimisme*[1] : l'assureur américain Metropolitan Life connaissait un fort turnover de sa force de vente. Seligman proposa de faire passer le QME (Questionnaire du Mode d'Explication) à 200 vendeurs, dont 50 % étaient très performants et 50 % médiocres. Les premiers manifestaient un optimisme bien plus grand et vendaient, sur deux ans, 37 % de contrats d'assurance de plus que leurs collègues pessimistes. Les vendeurs, parmi les plus optimistes, avaient même vendu 88 % de plus que les plus pessimistes ! L'optimisme favorise donc la persévérance et la réussite. Sur cette base, Seligman proposa de recruter une équipe de vendeurs principalement sur leur nature optimiste élevée, mais aux compétences techniques inférieures aux standards de MetLife. Après deux ans, non seulement cette équipe vendait 57 % de plus que les autres équipes, pourtant techniquement plus compétentes, mais son turnover fut divisé par deux. Depuis, MetLife fait passer ce test et considère l'optimisme comme un critère clé pour toutes ses recrues.

Zappos et compagnie

Et si le magazine *Forbes* publiait le top 500 des sociétés les plus optimistes du monde, la vôtre y figurerait-elle ? Celle dirigée par Tony Hsieh, Zappos, y serait bien placée. Leader de la vente de chaussures en ligne, valorisée plus de deux milliards de dollars, cette belle californienne a fait du bonheur de ses collaborateurs le cœur de sa culture d'entreprise, qui rejaillit positivement sur ses clients, à qui elle promet de *« livrer du bonheur »*. Pour son dirigeant, les valeurs doivent être décidées collectivement, authentiquement, et être engageantes (jusqu'à y faire référence pour recruter et se séparer des gens). Parmi elles : *« Soyons aventuriers, créatifs, humbles, construisons une équipe positive et un esprit*

---

1. Martin Seligman, *La Force de l'optimisme*, Pocket, 2012, pp. 114 et suivantes.

de famille, accueillons et bâtissons le changement. » Bref, tout, chez Zappos, respire l'optimisme et le possible.

La chaîne d'hôtels Mama Shelter incarne l'optimisme de son fondateur, Serge Trigano, «*parce que lorsque l'on a 60 ans et que l'on met tout son patrimoine dans une affaire dont tout le monde dit qu'elle est vouée à l'échec, il en faut beaucoup pour persister*» et réussir! L'indice Stengel 50 affirme même que les 50 premières entreprises au monde qui centrent leur business sur la mission hautement louable d'améliorer la vie des individus surperforment l'indice Standard & Poor's 500 de près de 400 % (en retour pour l'actionnaire). Parmi les sociétés de cet indice Stengel 50 qui construisent des relations de grande qualité avec leurs clients, se trouvent Apple, Louis Vuitton, mais aussi Innocent, Starbucks ou Zappos. Elles ont en commun, outre une surperformance financière, la volonté de viser un idéal social en activant, chez leurs clients, « l'expérience du bonheur, de l'émerveillement et des possibilités infinies ». Autre exemple, celui de Ian Cheshire, P.-D.G. de la chaîne de bricolage Kingfisher, qui invite à « *repenser radicalement nos modèles d'affaires, mettant moins l'accent sur la croissance et plus sur le bien-être*», appelant, comme d'autres dirigeants, à une refonte radicale du capitalisme. Ou encore l'exemple de Nicolas Dufourcq, directeur général de bpifrance, la Banque publique d'investissement, qui a mis l'optimisme et l'énergie positive au cœur de son management pour transformer radicalement son organisation : « *On va faire ensemble quelque chose d'incroyable, on va vivre un moment qui restera dans nos mémoires comme une grande fierté. Ma méthode, c'est de faire monter la température collective pour souder les équipes. Tous les sujets, par exemple l'harmonisation des statuts, doivent être traités, mais à haute température et à grande vitesse. Dès que la température baisse, le leadership aussi! La haute température, c'est un "momentum", une dynamique. Le passage d'un avant à un après, une énergie, qui témoigne d'une transformation radicale. Tout le monde est instantanément projeté dans la suite. Il faut remplir les têtes avec du rêve, du désir. J'ai affirmé les quatre valeurs de la marque bpifrance : simplicité, volonté, optimisme, proximité. Et j'ai choisi une couleur optimiste et pleine de vitalité, le jaune. L'optimisme, c'est pour moi essentiel*[1]. »

---

1. www.lesechos.fr, 10 novembre 2014.

Et si l'optimisme nous aidait aussi à mieux contrôler notre niveau de stress ? C'est ce que prétend une étude canadienne, publiée dans le *Journal of Health Psychology*[1] : face aux situations stressantes, le niveau de cortisol (l'hormone du stress par excellence) est plus stable chez les optimistes que chez les pessimistes.

L'EXEMPLE DE ELON MUSK[2], L'HOMME LE PLUS AUDACIEUX DU MONDE ?

Le patron de SpaceX (des lanceurs de fusées recyclables *low cost*) et Tesla Motors (des voitures électriques) veut sauver l'humanité d'une disparition accidentelle ou auto-infligée ? Pour cela, il veut résoudre la question du réchauffement climatique grâce à la généralisation de la voiture électrique et au développement de l'énergie solaire. Mais, si ces efforts se révélaient insuffisants, alors il envisagerait de coloniser la planète Mars. Pas moins. L'audace l'amène à affronter les géants comme Lockheed Martin, Boeing, Arianespace ou les compagnies d'électricité face à sa SolarCity, le plus important installateur et financeur de panneaux solaires pour les entreprises et le grand public lancé par Musk. Quand l'audace rejoint une vision du monde porteuse de sens.

Musclez votre optimisme de dirigeant

Tel un sportif de haut niveau ou un pianiste virtuose, le Leader positif fait ses gammes. Voici quelques exercices très faciles à appliquer quotidiennement. Lancez-vous !

- Savourez l'instant présent, plusieurs fois par jour ;
- souriez, riez aussi souvent que vous le pouvez ;

---

1. *Journal of Health Psychology*. http://psycnet.apa.org/?&fa=main.doiLanding&doi=10.1037/a0032736.
2. Ashlee Vance, *Elon Musk*, Eyrolles, 2015.

- listez toutes vos réussites du jour, de l'année écoulée, les obstacles franchis, les leçons apprises ;
- repérez vos schémas mentaux négatifs pour mieux vous en éloigner. Demandez-vous « Comment pourrais-je ? », au lieu de : « Suis-je capable de ? » (Le « comment » guide notre esprit vers une démarche orientée exploration et recherche de solutions.) ;
- intéressez-vous sincèrement aux personnes, cultivez votre bienveillance envers vous-même, envers autrui ;
- lâchez votre quête de perfection et votre posture de super-héros, apprenez le contentement lucide et sachez avouer vos failles, reconnaître vos erreurs.

J'OPÈRE MA TRANSFORMATION

TOUT CE QUI A FONCTIONNÉ AUJOURD'HUI
(tous les soirs pendant 7 jours)

Objectif : vous aider à créer une routine, afin de scanner les éléments positifs d'une journée de dirigeant, et surtout d'identifier votre influence décisive.

En pratique

Remplir chaque jour les trois rubriques, observer les impacts et les bénéfices sur vous-même (plus conscient et en contrôle quand les bons éléments se produisent, concentrer ses efforts sur « comment » créer les circonstances favorables...).

1. Qu'est-ce qui a bien fonctionné pour moi aujourd'hui ?

- Dans les réalisations, l'avancée des projets, les relations de travail, les nouvelles idées, la gestion de mon stress ? etc.

- Quel a été mon rôle dans ce qui a bien fonctionné ?

2. Qu'est-ce que je souhaite voir bien fonctionner dans l'avenir immédiat ?

- Dans les objectifs, l'avancée des projets, les relations de travail, les nouvelles idées, la gestion du stress ? etc.

- Que puis-je faire ou dire pour favoriser ces perspectives positives?

3. Qu'est-ce qui a bien fonctionné pour nous (équipe, organisation) aujourd'hui?

- Dans les réalisations, l'avancée des projets, les relations de travail, les nouvelles idées, la gestion du stress, la coopération? etc.
- Quel a été notre rôle dans ce qui a bien fonctionné?

JE FAIS LE POINT

À partir du sous-chapitre ci-dessus, répondez aux questions suivantes. L'idée, ici, est de vous aider à faire le lien entre l'optimisme et vos besoins de dirigeant:

- que vous inspirent les pratiques des entreprises citées?
- Quel serait le premier pas pour pratiquer la routine des événements positifs?
- Quelle idée, pratique ou connaissance scientifique vous a le plus marqué? Comment a-t-elle influé sur l'impact et le sens de vos actes et paroles en tant que leader?

CHAPITRE 4

DEVENIR SOI POUR MOBILISER SES FORCES ET RÉVÉLER SA NATURE PROFONDE

Et si vous deveniez enfin vous-même en tant que dirigeant? Combien d'entre nous, en effet, endossent le costume de super-héros et le masque qui va avec? Nous envions l'authenticité et le naturel des leaders que nous admirons, et nous nous réfugions trop souvent dans une posture artificielle. Pourquoi est-ce si difficile de parler et d'agir avec le cœur, de diriger à partir de ses convictions ou principes personnels?

Le leader du XXIe siècle agira en cohérence avec ses valeurs, sera plus intègre, objectif et responsable, plus authentique et vulnérable, pour fédérer et relier les femmes et les hommes. Si vous pensiez échapper à ce chapitre à «effet miroir», probablement déstabilisant, c'est raté.

DU LEADER HÉROÏQUE AU LEADER AUTHENTIQUE

> *«L'authenticité, c'est la volonté d'incarner le bon message à tout prix, voilà le vrai pouvoir du leadership.»*
>
> Aung San Suu Kyi, prix Nobel de la paix

«Pour quoi suis-je à la tête de mon organisation?» Quels sont la raison, le but ultime, l'intention profonde de mon rôle? Cet examen personnel permet au leader de revisiter le sens qu'il donne à son engagement et d'ajuster peut-être sa posture.

Fendre l'armure

Souvenez-vous de vos cours de leadership. On y enseignait probablement la quête de l'excellence, l'autorité de compétences, l'absence de doute et la construction d'une forte personnalité, sûre d'elle-même. Point d'enseignement sur l'humilité, la vulnérabilité, l'échec ou les valeurs personnelles. Nos grandes écoles comme nos entreprises continuent, sauf exception, à entretenir le culte du dirigeant super-héros, sans failles, capable, à lui seul, de changer le destin de son organisation. C'est une erreur. Nous changeons de paradigme, l'heure d'un leadership authentique et lucide est venue. Prenez la recherche de la Foster School of Business de l'université de Washington, qui révèle que les dirigeants sincères parviennent à motiver davantage leur équipe car ils inspirent confiance et admiration à travers leurs actes, et pas seulement leurs paroles. D'ailleurs, une recherche menée par l'Edhec en 2014 montre que les comportements de leadership les plus attendus par les cadres français sont la cohérence avec ses valeurs, l'intégrité et l'objectivité[1]. À quand remonte votre dernier acte managérial authentique ? Reconnaissez-le, il est plus facile de se réfugier dans une posture d'autorité ou de fuite, que de montrer son vrai visage. Être authentique nécessite une bonne dose de transparence, d'intégrité et surtout de vulnérabilité. Pas simple…

Répondez par « oui » ou par « non » aux affirmations suivantes, vous concernant :

- « J'essaie de rendre mes collaborateurs identiques ou proches de qui je suis. »

- « J'ai souvent arrêté mes idées avant même d'écouter un collaborateur. »

- « J'ai tendance à "jouer un rôle", à ne pas être moi-même ou à me rallier à l'opinion consensuelle. »

- « Je garde certaines ressources, informations pour moi-même, afin de préserver mon statut ou de justifier mon rôle de dirigeant. »

---

1. Valérie Petit, Marieke Delanghe, « La révolution du leadership – Enquête sur le leadership des managers français », *op. cit.*

- « Je traite les gens avec un respect inégal selon leur niveau social ou hiérarchique. »

- « Je peux facilement ne pas tenir un engagement, voire effriter la confiance que mes collaborateurs ont en moi, et cela ne me gène pas plus que cela. »

La route vers un style de leadership plus sincère est peut-être longue pour certains. Oui, les leaders authentiques ne cherchent pas à formater leur équipe à leur image ou à en être aimé. Ils ne sont pas en « représentation » ou en quête d'attention. Ouverts d'esprit, ils écoutent attentivement les opinions différentes des leurs. Généreux, ils diffusent au plus grand nombre les ressources ou informations nécessaires et font de leur succès celui de chacun. Respectueux, ces leaders authentiques traitent avec autant de considération quiconque travaillant dans et en dehors de leur organisation (clients, fournisseurs). Ils sont dignes de confiance, sincères et mettent leur ego de côté. Enfin, ces leaders sincères savent qui ils sont, se sentent bien dans leur peau, sont ancrés et à l'aise dans la réalité. Ils ne cherchent pas à prendre la place d'un autre et sont confiants dans leur trajectoire professionnelle.

Pas évident pour un dirigeant de reconnaître ses failles, question d'image et d'amour-propre. Avouez qu'il vous est difficile, voire impossible, de montrer et d'assumer vos limites. Et pourtant, assumer ses vulnérabilités et ses peurs offre au dirigeant une superbe opportunité d'apprendre, de se nourrir des critiques, et de construire de nouvelles compétences. Se rendre vulnérable en assumant ses erreurs ou ses limites invite les collaborateurs du dirigeant à en faire de même, cultivant ainsi l'art subtil de la remise en question, donc du développement personnel. Et que dire de l'expression de ses émotions ? *« Comme président de la SNCF, je veux faire part d'une extraordinaire émotion »*, annonce à la presse Guillaume Pepy, au bord du sanglot, après l'accident de train dramatique de Brétigny-sur-Orge, en 2014. Ces larmes l'ont-elles rendu plus humain et compatissant ? Assurément. La compétence de l'intelligence émotionnelle, largement développée dans la littérature managériale, n'est plus à démontrer. Sauf qu'elle est encore trop rarement incarnée par les dirigeants. Pourquoi ? Parce que ceux-ci négligent une compétence encore plus fondamentale : la conscience de soi (développée dans le chapitre 2 « Rester présent »).

Devenir soi, authentiquement

Vos collaborateurs vous font confiance lorsque vous êtes sincère et authentique, pas quand vous singez la réplique de quelqu'un d'autre. Mais que c'est tentant de combiner plusieurs qualités observées chez d'autres. Bill George (l'ex-CEO de Medtronic et professeur de leadership à Harvard) livrait en 2003, dans son livre *Authentic Leadership – Rediscovering the Secrets to Creating Lasting Value*[1], les caractéristiques du leader authentique : il démontre une passion pour son but ultime (« *purpose* »), incarne toujours ses valeurs, dirige autant avec son cœur qu'avec sa tête. Il établit des relations porteuses de sens à long terme, et a suffisamment d'autodiscipline pour obtenir des résultats. Il sait qui il est. D'ailleurs, la présidente de Young & Rubicam, Ann Fudge, résume à merveille l'enjeu du leadership authentique : « *Nous avons tous l'étincelle du leadership en nous. Le défi est de nous comprendre assez bien pour savoir où nous pouvons utiliser nos dons de leadership pour servir les autres.* » Bill George, dans la *Harvard Business Review*, propose six axes pour développer son authenticité de leader[2] :

- tracer sa route en fonction de sa propre trajectoire de vie (ce que la vie nous enseigne) ;
- connaître son authentique moi (accepter ce que les autres vous renvoient) ;
- mettre en pratique vos valeurs et principes ;
- équilibrer vos motivations extrinsèques et intrinsèques ;
- tisser votre entourage qui vous soutient dans votre authenticité ;
- avoir une vie unifiée (intégrée) en restant solidement vous-même, quel que soit l'environnement où vous vous trouvez (famille, amis, collègues, réseaux…).

---

1. Bill George, *Authentic Leadership – Rediscovering the Secrets to Creating Lasting Value*, Paperback, 2004.
2. http://hbr.org/2007/02/discovering-your-authentic-leadership/ar/pr.

Voici d'ailleurs un moyen de cultiver ce leadership authentique enfoui en vous. Répondez sincèrement aux questions suivantes :

1. Quelles sont les personnes et les expériences dans votre jeunesse qui ont eu le plus grand impact sur vous ? (Soyez précis.)

2. Quelles sont vos valeurs les plus ancrées en vous ? D'où viennent-elles ? Vos valeurs ont-elles beaucoup changé depuis votre enfance ? Comment vos valeurs éclairent-elles votre comportement ?

3. Qu'est-ce qui vous motive réellement ? Comment conciliez-vous la motivation intrinsèque et extrinsèque (circonstances extérieures à vous-même comme les récompenses, la pression sociale…) dans votre vie ?

4. Est-ce que votre vie est unifiée ? Êtes-vous en mesure d'être la même personne dans tous les aspects de votre vie : personnelle, au travail, en famille, dans vos cercles de connaissances ? Si non, qu'est-ce qui vous en empêche ?

5. Qu'est-ce qu'« être authentique » signifie dans votre vie ? Êtes-vous plus efficace en tant que leader quand vous vous comportez authentiquement ? Avez-vous déjà « payé » le prix pour votre authenticité en tant que leader (c'est-à-dire avoir subi des reproches, des échecs) ?

6. Quels actions/changements sincères pouvez-vous décider aujourd'hui, demain, et toute cette année pour développer votre leadership authentique ?

Vous êtes prévenu, se transformer peut secouer. Soyez patient et bienveillant envers vous-même. Mais être authentique comporte aussi quelques limites. Comment arbitrer entre rester soi-même (et risquer de manquer d'impact) ou être hypocrite, imposteur (et gagner en force de conviction), quand la culture de votre entreprise vous incite à l'être ? Dévoiler ses pensées et ses sentiments peut être irréaliste et risqué, notre crédibilité peut être sérieusement questionnée. Se cantonner systématiquement dans l'authenticité peut nous inciter à adopter des comportements confortables, nous empêchant de faire évoluer notre style selon les situations qui, parfois, réclament moins de transparence ou expriment des besoins à l'opposé de notre transparence affichée (force de conviction en cas de crise grave, nouvelle alarmante qui ne doit pas s'ébruiter…). Une prise de poste, une nouvelle équipe ou un nouvel actionnaire peuvent nous inviter à d'abord observer prudemment les besoins avant de mobiliser notre profonde authenticité, d'ajuster notre proximité et notre accessibilité aux autres. Autre limite, cette fois culturelle : la manière d'exprimer son authenticité variera d'un pays à l'autre. Ainsi, un patron américain racontera une histoire personnelle sur la façon dont il a surmonté une épreuve, illustrant le modèle du triomphe de l'individu sur l'adversité. Un dirigeant français aura plutôt tendance à raconter comment il défend ses valeurs et ses convictions, emblématique du modèle basé sur la liberté et l'égalité. La forme d'expression de son authenticité dépend donc des normes culturelles en matière d'autorité, de légitimité, de communication et de rapports sociaux.

J'OPÈRE MA TRANSFORMATION

APPRIVOISER SES ÉMOTIONS
(5 minutes tous les jours)

En pratique

Prenez 5 minutes, tous les jours, pour réfléchir aux questions suivantes :

- quand vous percevez un décalage entre vos perceptions et celles que vos collaborateurs vous renvoient (anxiété, doute, tension, retenue, allégresse…), demandez-vous ce que vous pouvez dire ou faire de différent lors des prochaines interactions. Comment obtenir leur retour ?

- Quand des émotions surgissent en vous, agréables ou désagréables, êtes-vous conscient(e) des signaux émis par votre corps? (respiration, température, muscles, rythme cardiaque...)
- Après une situation difficile (conflit, décision délicate, échec), comment vous y prenez-vous pour repérer vos émotions, leur ampleur, leurs conséquences sur votre comportement?
- Savez-vous identifier les besoins derrière chacune de vos émotions?

Derrière la peur...	Derrière la colère...
... se cache une alerte au danger, donc le besoin de sécurité: une personne qui a peur va avoir tendance à se mettre en sécurité, soit par la fuite (l'esquive), soit par l'agression pour se défendre.	... se cache un besoin de réparation, de justice ou d'évacuation d'une frustration: la colère surgit quand on a le sentiment que quelque chose d'important pour nous (valeurs, justice, droits, équité...) est remis en cause.
Derrière la joie...	Derrière la tristesse...
... se cache un besoin de partage et de cohésion de groupe. Elle stimule la motivation si elle est partagée. *A contrario*, une joie qui ne peut pas se partager peut générer des frustrations ou un manque de reconnaissance.	... se cache le besoin de retrait (isolement) ou de réconfort (recherche de contacts), ou encore de réparation après une perte ou une déception. Elle permet d'accepter sa vulnérabilité et son besoin des autres.

JE FAIS LE POINT

À partir du sous-chapitre ci-dessus, répondez aux questions suivantes. L'idée, ici, est de vous aider à faire le lien entre le leader authentique et vos besoins de dirigeant:

- quelle idée reçue aviez-vous des notions de vulnérabilité, d'authenticité avant de lire ce texte?

- Quelle émotion masquez-vous le plus? Quelle est celle que vous dévoilez le plus facilement?

- Quels sont vos trois premiers pas concrets vers un leadership plus authentique?

QUE VOS FORCES SOIENT AVEC VOUS!

Forces personnelles et signature de caractère

Christopher Peterson et Martin Seligman[1] ont proposé un système de classification des vertus humaines et identifié 24 forces personnelles (ou forces de caractère): traits de personnalité ou valeurs personnelles, elles sont moralement valorisées et génèrent, quand on les mobilise, bien-être, énergie et épanouissement. Quasi universelles dans le monde, elles sont stables, se mesurent et (bonne nouvelle!) peuvent se développer.

Ces 24 forces sont regroupées en six vertus.

SAGESSE et CONNAISSANCES	COURAGE
- Curiosité et intérêt accordé au monde - Amour de l'étude, de l'apprentissage - Jugement, pensée critique et ouverture d'esprit - Créativité, ingéniosité et originalité - Intelligence sociale et émotionnelle - Perspective, sagesse	- Courage et vaillance - Assiduité, application et persévérance - Authenticité, intégrité et sincérité
HUMANITÉ et AMOUR	JUSTICE
- Gentillesse et générosité - Capacité d'aimer et de se faire aimer	- Citoyenneté, travail d'équipe et fidélité - Impartialité, équité et justice - Leadership (capacité à diriger)

---

1. Martin Seligman, *La Psychologie positive*, Pocket, 2013.

TEMPÉRANCE	TRANSCENDANCE
- Maîtrise de soi et autorégulation - Précaution, prudence et discrétion - Modestie et humilité	- Reconnaissance de la beauté - Gratitude - Espoir, optimisme et ouverture sur le futur - Spiritualité, religiosité et but dans la vie - Pardon et clémence - Humour et enjouement - Joie de vivre, enthousiasme, passion et énergie

Avez-vous déjà repéré les forces qui résonnent en vous? Regardons, à présent, comment identifier votre signature de caractère.

J'OPÈRE MA TRANSFORMATION

IDENTIFIER SA SIGNATURE DE CARACTÈRE
(15 minutes)

En pratique

Allez sur le site viacharacter.org, répondez au questionnaire en ligne et recevez gratuitement le classement de vos 24 forces personnelles. Ensuite, imprimez le top 5 de vos forces (appelé par les chercheurs votre «signature de caractère») et lisez-les à voix haute. Que ressentez-vous? Vous reconnaissez-vous?

Les autres forces, au milieu ou en bas du classement, ne sont pas vos défauts ou vos faiblesses. Elles sont simplement moins centrales et naturelles dans votre identité, nous les mobilisons seulement selon les circonstances.

Leadership et forces personnelles

Soupçonniez-vous de tels pouvoirs en vous? Les chercheurs affirment qu'utiliser ses forces personnelles quotidiennement et différemment permet d'augmenter son bien-être, la satisfaction au travail, de se sentir plus à l'aise et naturel, d'être plus en accord avec son identité profonde. Ça donne quoi pour vous?

J'OPÈRE MA TRANSFORMATION

MOBILISER SES FORCES PERSONNELLES
(15 minutes pendant 7 jours)

En pratique

1. À partir du classement de vos 24 forces personnelles, notez vos trois piliers-forces (par exemple la curiosité, la persévérance et l'intelligence sociale), chacun sur un Post-It. Ensuite, sur une feuille blanche, racontez une expérience professionnelle réussie au cours de laquelle vous vous êtes senti(e) plein(e) d'énergie. Décrivez comment vous vous y êtes pris. Détaillez authentiquement comment vous avez utilisé concrètement ces trois piliers-forces. Quelle satisfaction en avez-vous retirée?

2. La recherche démontre qu'utiliser régulièrement (pendant au moins 7 jours) et de manière différente ses forces personnelles entraîne plus de résistance au stress, d'engagement et de satisfaction. Reprenez vos trois piliers-forces principaux et répondez concrètement aux questions suivantes:

- comment j'utilise déjà cette force? Dans quels domaines de ma vie je la mobilise?
- Dans quels autres domaines de ma vie pourrais-je y recourir?
- Comment utiliser d'une nouvelle manière cette force dans mon rôle de dirigeant?
- À la fin des 7 jours, notez les impacts sur vous, votre environnement. Que remarquez-vous?

D'autres exercices simples permettent de découvrir ses forces personnelles.

Demandez à vos proches collaborateurs, ou aux membres du comité exécutif ou du conseil d'administration, de raconter en détail les histoires et les expériences qui mettent en exergue vos qualités premières. Vous pouvez également revenir sur vos gloires passées, vos *success stories*, par exemple : qu'est-ce qui vous met de bonne humeur, vous rend en pleine forme ? De quoi êtes-vous le/la plus fier(e) ? Pour détecter ses forces (ou celles d'autrui), vous pouvez enfin « scanner » vos activités, sur un mois, en vous demandant :

- est-ce une activité que je réussis régulièrement, avec facilité, pour laquelle on me dit que j'ai un don, que je sais reproduire ou que j'ai apprise rapidement ?
- Est-ce une activité qui me stimule, me donne de l'énergie et du plaisir, que j'aime partager avec d'autres ?
- Est-ce une activité qui me ressemble, qui me reconnecte à moi-même, qui me correspond ?

Ce travail de mobilisation de vos forces est à faire pour vous-même. Mais il est aussi à déployer auprès de vos équipes si vous visez une organisation positive.

Quel dirigeant n'a jamais croisé un collaborateur se contentant de sa paie en fin de mois, trouvant mille sources de bonheur en dehors de son job ? Qui, à l'inverse, a déjà croisé un collaborateur dont l'engagement et la passion pour son travail sont contagieux ? Il faut l'avouer, nous rêvons tous de transformer chaque emploi en vocation, de voir chaque employé trouver sens, pleine satisfaction, voire accomplissement, dans son travail.

Tout emploi peut devenir vocation, affirment les chercheurs. L'étude pionnière de l'université de New York en 2012 a observé 28 femmes de ménage d'un hôpital et dont la description de poste est identique. Pourtant, deux groupes se distinguent : celui dont les femmes perçoivent leur emploi comme une vocation et qui l'adaptent afin de lui donner du sens (en se considérant par exemple comme essentielles dans la guérison des malades, en se rendant plus efficaces, anticipant les besoins des médecins, ajoutant spontanément des tâches comme égayer la vie des patients), et celui dont les membres considèrent leur job comme un simple emploi, rien de plus (nettoyer les chambres). Sans surprise, les femmes de ménage estimant remplir une vocation s'avèrent plus engagées, plus satisfaites et plus performantes dans leur métier que les autres.

Autre exemple. Jeff Gravenhorst, P.-D.G. du leader mondial du nettoyage ISS, vise à devenir un prestataire de services intégrés. Pour motiver ses 27 000 salariés français sur des tâches pourtant peu qualifiées, il fait appel au sens derrière chaque métier (nettoyage, restauration, maintenance, accueil, gardiennage, assistance). Prenons l'exemple du nettoyage de la tour Eiffel dont l'entreprise est responsable. *« Il faut faire comprendre à chaque employé qu'il compte autant pour l'entreprise que son dirigeant, lui montrer en quoi sa tâche est indispensable. Si le sol de la tour Eiffel est jonché de saletés, c'est toute l'image du tourisme à Paris qui en souffre. Un laveur de carreaux ne se contente pas de nettoyer une vitre : il permet au soleil d'entrer »*, raconte J. Gravenhorst, qui évoque également l'exemple de ces laveurs de carreaux qui ont été jusqu'à se déguiser en super-héros pour faire plaisir à des enfants malades à l'hôpital. On imagine alors que la motivation des agents n'est plus de même nature. Ça vous laisse perplexe ? Et pourtant, il ne tient qu'aux dirigeants de transformer chaque emploi en vocation. Comment ? En mobilisant, chez chacun, ses forces personnelles.

Prenons quelques exemples :

- si la force d'un de vos collaborateurs est « reconnaissance de la beauté et de l'excellence », demandez-lui d'identifier et de mettre en place de nouvelles manières d'améliorer son environnement ou ses modes de travail ;

- si la force d'un de vos collaborateurs est « amour de l'apprentissage », permettez-lui de découvrir de nouvelles façons d'apprendre et de relever de nouveaux challenges ;

- si la force d'un de vos collaborateurs est « curiosité et intérêt accordé au monde », invitez-le à explorer de nouvelles sources d'information, à rencontrer de nouvelles personnes dans et en dehors de son travail, à suivre de nouvelles formations, à mener des *learning expeditions* au nom de son équipe ;

- si la force d'un de vos collaborateurs est « perspective », demandez-lui d'expliquer à ses pairs la signification d'une transformation importante et anxiogène afin de les faire adhérer plus facilement. Sa «sagesse», son recul et sa logique devraient être écoutés.

Jouez le jeu, vous serez surpris par la créativité et l'enthousiasme de vos équipes! Mobiliser régulièrement, et de manière innovante ou décalée, ses forces personnelles et celles de ses collaborateurs est une compétence clé du Leader positif. À vous de jouer.

J'OPÈRE MA TRANSFORMATION

MOBILISER LES FORCES PERSONNELLES D'UNE NOUVELLE MANIÈRE CHEZ MES COLLABORATEURS
(tous les jours pendant 7 jours)

En pratique

1. À partir du classement des 24 forces personnelles, notez les trois piliers-forces chez l'un de vos collaborateurs. Prenez rendez-vous avec lui.

2. Répondez concrètement ensemble aux questions suivantes:

- quels défis ou responsabilités pourriez-vous donner à ce collaborateur afin de mobiliser davantage ces trois forces?

- Quelle valeur ajoutée apporte cette personne quand elle mobilise l'une de ces trois forces dans un travail d'équipe?

- Comment, à coup sûr, démobiliser ce collaborateur qui possède ces trois forces?

- À la fin des 7 jours d'expérience, notez les impacts sur ce collaborateur, son environnement. Que remarquez-vous?

3. Pour mobiliser les forces d'une équipe, répondez aux questions suivantes:

- qu'est-ce que mon équipe fait mieux que 100 000 autres équipes?

- Quelles activités/actions boostent l'énergie de mon équipe?

- **Que donne mon équipe quand elle est à son meilleur niveau ? (En résultats, en impact sur les autres.)**
- **Qu'est-ce que les autres admirent le plus chez mon équipe ?**

Identifier et mobiliser les forces personnelles complémentaires de chaque membre d'une équipe lui permet de gagner en efficacité en combinant au mieux ses forces avec les objectifs à atteindre. Autres avantages : jouer plus collectif, renforcer l'estime de soi des équipiers et leur niveau d'engagement. D'autres pistes existent pour mobiliser davantage ses forces au travail (démarche appelée aussi « *job crafting* ») :

- dans la mesure du possible, déléguer aux autres ses points de faiblesse. Exemple : si « créativité, ingéniosité » n'est pas l'une de vos forces, demandez à l'un de vos collaborateurs (dont c'est une force) d'animer les sessions de créativité à votre place. Cela vous permet, ainsi qu'à ce collaborateur, d'utiliser davantage vos/ses forces personnelles.

- L'entretien annuel est une belle opportunité pour mobiliser les forces d'un employé. Lui demander par exemple : « De quoi es-tu le/la plus fier(e) ? Dans quelle mission t'es-tu senti(e) au meilleur de tes capacités l'année passée ? Qu'est-ce que tu aimerais reproduire ou amplifier cette année ? Comment l'entreprise peut-elle t'aider ? » Il est encore plus utile de le pratiquer sur une base plus large. Essayez de faire l'exercice suivant du « meilleur retour possible ».

- Demandez à dix de vos collaborateurs directs et indirects d'écrire trois anecdotes vous concernant, en répondant par exemple à la question suivante : « Quelle a été l'une de mes contributions importantes dans laquelle j'ai mobilisé l'une de mes forces spécifiques ? » ou : « Quand avez-vous été le plus fier de moi ? » Bref, demandez-leur de vous décrire quand vous êtes au meilleur de vous-même.

- Savoir reconnaître les efforts et les résultats de son équipe est un art subtil. Sachez que, quand un collaborateur voit ses points de faiblesse pointés par son manager, l'espérance de gain en performance n'est ensuite que d'environ 10 %. Quand il ne reçoit aucun feed-back, la performance peut chuter jusqu'à

32 %. À l'inverse, quand son manager lui montre des signes de reconnaissance, ses performances peuvent grimper à plus de 40 %[1]. Évidemment, vous connaissez les incontournables des marques de reconnaissance : pour être efficace, le feed-back doit être spécifique, régulier, juste, et le collaborateur récompensé.

- Un dirigeant sera bien inspiré de vérifier régulièrement si l'utilisation de ses forces est adéquate aux nouvelles situations de son organisation. La « myopie » de certains leaders les empêche parfois de voir que les forces qui ont servi à bâtir un succès ne sont pas forcément les mêmes que celles qu'exige un nouveau contexte. Ainsi, un dirigeant peut vouloir continuer à utiliser sa force « persévérance » qui lui a servi à réussir une acquisition. Mais la période qui suit (réussir le mariage des cultures) nécessiterait une autre force, qu'il n'a peut-être pas développée (par exemple l'impartialité, l'équité). Il est donc essentiel, pour un leader, d'examiner régulièrement ses forces et de les adapter selon la situation.

Exemples d'astuces pour développer nos forces :

- intelligence sociale : écouter ses collaborateurs avec empathie, sans arrière-pensée. Observer une situation sociale inconfortable et la décrire sans jugement ;

- espoir : explorer mes trois derniers succès en détail pour qu'ils inspirent mon avenir. Générer par écrit des actions pour mettre en œuvre mes idées optimistes et les partager avec mes proches ;

- honnêteté : repérer et réduire la liste de mes mensonges, même petits (sans culpabiliser), être créatif pour envisager des relations plus honnêtes avec les autres. Penser et agir de façon équitable, quel qu'en soit l'impact sur ma position ou ma popularité.

---

1. Rath, 2007.

J'OPÈRE MA TRANSFORMATION

REVIVRE UN INSTANT DE FORCE INTÉRIEURE ET DE SÉRÉNITÉ (2 à 5 minutes)

En pratique

- Je choisis un endroit calme, où je ne serai pas dérangé(e), mon portable est coupé. Assis(e) de préférence, j'ôte mes chaussures et pose les deux pieds à plat au sol, de manière à me sentir ancré(e), le dos décollé du siège (si possible), les mains à plat sur les cuisses. Je ferme les yeux.

- À présent, je prends le temps de porter mon attention à mon souffle: au niveau du diaphragme ou de l'abdomen, sur lequel je peux placer ma main pour sentir les mouvements. Je prends conscience simplement de mon souffle sans chercher à le contrôler. J'observe chaque inspiration, chaque expiration, en profondeur.

- Puis je dirige mon attention vers une situation positive où je me suis senti(e) fort(e), plein(e) d'énergie et de sérénité: je visualise ce qui se passe autour de moi, comme si cette situation existait dans l'instant. J'entends ce que mon entourage raconte alors. Je revis cette scène pendant 20 à 30 secondes. Quelles sensations physiques surgissent alors? Quels émotions ou sentiments positifs jaillissent alors? Je ressens profondément en moi cet instant de sérénité quand je mobilise une de mes forces intérieures. J'invite ces sensations agréables à se diffuser dans tout mon corps.

- Quand je le décide, je reviens à la conscience de mon souffle le temps de 3 ou 4 respirations profondes. Je me félicite des bénéfices précieux que je tire de cette pratique, puis j'ouvre lentement les yeux et conserve, du mieux que je puisse, cette qualité d'attention le reste de la journée.

JE FAIS LE POINT

À partir du sous-chapitre ci-dessus, répondez aux questions suivantes. L'idée, ici, est de vous aider à faire le lien entre vos forces personnelles et vos compétences de dirigeant :

- comment allez-vous mobiliser plus souvent et différemment vos forces personnelles et celles de vos équipes ?
- Qu'est-ce qui vous rend réellement vivant, qui vous inspire (inspiration vient du latin « *spiritus* » qui signifie « souffle ») dans votre rôle de dirigeant ?
- Comment pouvez-vous reproduire un état de *flow* dans votre rôle de dirigeant ?

ALIGNER SES PLANÈTES INTÉRIEURES

Agir selon ses valeurs

Qui n'a pas rêvé d'agir selon ce qui compte vraiment pour lui ? Winston Churchill motiva ses compatriotes à relever le défi insensé face aux agresseurs allemands, dans son fameux discours « *Never give in* ». Il posait la liberté et le devoir de combattre comme valeurs suprêmes. Est-ce que, réellement, ce que vous donnez à voir de vous reflète ce que vous êtes vraiment ? La question peut vous déranger, elle est pourtant essentielle pour vous transformer vers un leadership plus authentique. Et si vous allumiez votre radio « sagesse intérieure », que dirait-elle ? Avez-vous le sentiment de vivre une vie pleine de sens, source d'accomplissement ? Peu de leaders répondent par l'affirmative.

Penser et agir selon ses valeurs profondes n'est plus un luxe. Devenir soi-même en tant que dirigeant devient une nécessité si vous voulez embarquer vos collaborateurs. Car l'authenticité, et le courage qui l'accompagne, sont de puissants leviers de confiance collective. Emmons et King ont montré dans leur étude de 1988 qu'un conflit entre les valeurs et les activités du dirigeant pouvait le mener à la dépression. Mais exprimer son moi sincère et rendre congruents ses principes de vie et ses actes n'est pas chose aisée. Regardons comment vous y prendre avec l'exercice du mentor.

Demandez-vous tout d'abord :

- quelle personne (héros, membre de ma famille, ancien patron, grand dirigeant d'entreprise, personnage mythique…) m'inspire aujourd'hui ?
- Pourquoi m'inspire-t-elle ? Quel(s) trait(s) de caractère chez elle m'inspire(nt) autant ?
- Quelles actions cette personne a-t-elle menées et qui mobilisaient ce trait de caractère ?

Ensuite, demandez-vous quelles valeurs ont guidé ce mentor. Souvent, ce qui nous inspire reflète ce à quoi l'on croit profondément (nos valeurs ou principes de vie). N'oublions jamais que les valeurs sont les comportements et les qualités que nous valorisons le plus, chez soi et les autres.

Listez ci-après vos trois valeurs fondamentales.

Valeur 1 : ....

Comment est-ce que je mobilise concrètement cette valeur en tant que dirigeant (dans mes décisions, mes choix, mes activités, l'atteinte de mes objectifs, mes paroles, mon attitude…) ?

Qu'est-ce que je fais ou dis, en tant que dirigeant, qui contredit cette valeur (dans mes décisions, mes choix, mes activités, l'atteinte de mes objectifs, mes paroles, mon attitude…) ?

Valeur 2 : ....

Comment est-ce que je mobilise concrètement cette valeur en tant que dirigeant (dans mes décisions, mes choix, mes activités, l'atteinte de mes objectifs, mes paroles, mon attitude…) ?

Qu'est-ce que je fais ou dis, en tant que dirigeant, qui contredit cette valeur (dans mes décisions, mes choix, mes activités, l'atteinte de mes objectifs, mes paroles, mon attitude…) ?

Valeur 3 : ....

Comment est-ce que je mobilise concrètement cette valeur en tant que dirigeant (dans mes décisions, mes choix, mes activités, l'atteinte de mes objectifs, mes paroles, mon attitude…) ?

Qu'est-ce que je fais ou dis, en tant que dirigeant, qui contredit cette valeur (dans mes décisions, mes choix, mes activités, l'atteinte de mes objectifs, mes paroles, mon attitude…) ?

Enfin, explorez de manière sincère et créative les moyens d'aligner davantage vos actes avec vos trois valeurs piliers.

Valeur cible 1 : ....

Comment puis-je mieux aligner cette valeur avec mes actes (dans mes décisions, mes choix, mes activités, l'atteinte de mes objectifs, mes paroles, mon attitude…) ?

Quels sont les principaux obstacles ou freins à cet alignement (autre priorité, valeur concurrente, croyances, expériences) ?

Comment les surmonter concrètement ?

Valeur cible 2 : ....

Comment puis-je mieux aligner cette valeur avec mes actes (dans mes décisions, mes choix, mes activités, l'atteinte de mes objectifs, mes paroles, mon attitude…) ?

Quels sont les principaux obstacles ou freins à cet alignement (autre priorité, valeur concurrente, croyances, expériences) ?

Comment les surmonter concrètement ?

Valeur cible 3 : ....

Comment puis-je mieux aligner cette valeur avec mes actes (dans mes choix, mes activités, l'atteinte de mes objectifs, mes paroles, mon attitude…) ?

Quels sont les principaux obstacles ou freins à cet alignement (autre priorité, valeur concurrente, croyances, expériences) ?

Comment les surmonter concrètement ?

Voici une illustration de cohérence entre une valeur et des processus RH.

L'EXEMPLE DE NETFLIX

Le fait d'agir selon ses valeurs se trouve illustré chez Netflix, le géant de la VOD. Révolutionnant les pratiques RH, Reed Hastings, son P.-D.G., a supprimé les évaluations annuelles (remplacées par des conversations régulières sur la performance entre le collaborateur et son manager), les systèmes rigides, bureaucratiques et contrôlant des congés (remplacés par un système souple de déclaration, avec quelques consignes tout de même) ou des notes de frais (désormais basées sur un principe simple et un comportement d'adulte mature : « *Agir dans l'intérêt de Netflix, dépenser l'argent de l'entreprise avec la même parcimonie que si c'était le vôtre.* »). La valeur « transparence » prend alors tout son sens !

Autre exemple en France, Thierry Gaillard, alors P.-D.G. de Mars Chocolat, organisait toutes les 6 semaines 30 minutes de réponse aux questions de ses collaborateurs dans une formule appelée « Ça se discute ». La transparence, sous certaines conditions (sécuritaires, légales), engendre trois bénéfices :

1. Elle favorise la confiance et l'adhésion des employés : lorsque vous êtes honnête avec les employés, ils vous rendent cette confiance.

2. Des collaborateurs plus éclairés : en racontant à vos équipes ce que vous faites, pourquoi vous le faites, et quel impact ces décisions ont sur la rentabilité de l'entreprise, vous créez une communauté compétente et informée, qui se sent portée à contribuer davantage en donnant des feed-back de meilleure qualité.

3. Une meilleure responsabilisation à l'échelle de toute l'entreprise : la transparence fait que tous les collaborateurs (et pas seulement les managers) se sentent responsables de la performance de l'entreprise.

Un Leader positif agit donc selon ses valeurs profondes.

Rétablir ses priorités

Vous arrive-t-il d'être frustré de ne pas avoir réussi à faire tout ce qui compte pour vous ? Probablement. La plupart d'entre nous ont du mal à tenir leurs priorités. Or, aligner ses actes avec ce qui est important pour soi contribue à notre accomplissement quotidien.

Un bon exercice, pour y parvenir, consiste à analyser la manière dont on alloue notre énergie (temps, attention, efforts, engagement, ressources) selon nos activités. D'aucuns peuvent alors se rendre compte combien cette énergie est en phase ou non avec leurs vraies priorités.

Imaginez que chaque carafe ci-dessous représente un enjeu de votre vie personnelle ou professionnelle.

1. Ajoutez, sous chaque carafe, une priorité qui compte pour vous (par exemple : spiritualité, famille, amis, santé, carrière, sens/contribuer à une cause, argent, loisirs, du temps pour moi…).

2. Puis, indiquez par un trait horizontal, pour chaque carafe, le niveau de ressources (temps, énergie, attention) que vous y consacrez honnêtement. Une carafe remplie signifie que vous

y consacrez beaucoup de ressources. Alors ? Certaines carafes sont-elles trop ou pas assez remplies selon vous ?

3. Enfin, pour réallouer vos ressources vers ce qui compte véritablement pour vous, réfléchissez tranquillement aux décisions que vous pourriez prendre.

   - Quelles actions simples puis-je mettre en place pour consacrer plus de ressources à mes trois grandes priorités ? Et moins de ressources à ce qui compte moins pour moi ?

   - À quoi suis-je prêt(e) à renoncer pour consacrer plus de ressources à mes priorités ?

   - Quels sont les vrais obstacles qui m'empêchent de vider ou de remplir ces carafes ?

   - Que devrais-je choisir pour investir plus (ou moins) de ressources selon mes priorités ?

Cet exercice ne vaut que si, au quotidien, vous vous demandez : quelle « carafe prioritaire » ai-je remplie aujourd'hui ? Quelle « carafe non prioritaire » ai-je vidée aujourd'hui ?

Des surprises ? Des révélations ou des confirmations ? Peu de dirigeants prennent le temps de se poser pour réallouer leurs ressources vers ce qui compte vraiment pour eux. Faute de temps ou de courage, ou bien par confort d'une certaine manière. Faire des choix et rétablir ses priorités de vie exige lucidité et détermination. Cela en vaut la peine. Ralph Waldo Emerson nous le rappelle : « *Ce qui est derrière nous ou devant nous est peu de chose comparé à ce qui est présent en nous.* » Et si vous êtes un *digital addict*, allez voir votre App Store, vous y trouverez des aides très simples à utiliser pour soutenir vos efforts. Comme l'application gratuite Mitra, conçue pour les leaders par le Dalaï Lama Center for Ethics and Transformative Values. Elle vous aidera à trouver un meilleur alignement entre vos valeurs fondamentales et votre vie quotidienne.

JE FAIS LE POINT

À partir du sous-chapitre ci-dessus, répondez aux questions suivantes. L'idée, ici, est de vous aider à faire le lien entre vos valeurs et vos compétences de dirigeant:

- que décidez-vous concrètement pour mobiliser davantage vos valeurs personnelles dans votre rôle de dirigeant?
- Comment pouvez-vous accorder plus de temps et d'énergie à vos trois priorités de vie pour enrichir votre style de leadership?
- Comment pouvez-vous faciliter l'alignement entre vos trois valeurs fondamentales et vos actions, vos paroles?

CES LEADERS QUI TOMBENT L'ARMURE

Pourquoi ça marche

Plusieurs recherches scientifiques démontrent les avantages à mobiliser ses valeurs et à se comporter avec intégrité et authenticité.

Le Corporate Leadership Council a mené une recherche en 2002, portant sur 19 187 collaborateurs dans 34 entreprises de 29 pays. Quand le manager mobilise les forces de ses collaborateurs, la performance peut gagner jusqu'à 37 %. À l'inverse, quand il se centre sur leurs faiblesses, la performance peut chuter jusqu'à 27 %. James Harter et Franck Schmidt (2002) ont étudié 308 798 salariés de 51 entreprises. Les personnes se déclarant pouvoir donner le meilleur d'elles-mêmes au travail sont 38 % plus productives. Les personnes qui ont identifié et développé leurs forces personnelles ont augmenté très significativement leur niveau d'engagement et leur productivité de 50 % selon Cameron, Dutton et Quinn (2003).

Rob Goffee et Gareth Jones[1] ont voulu comprendre les conditions de l'entreprise idéale. Ils ont interrogé plusieurs centaines de dirigeants dans le monde et ont d'abord observé que « *les salariés*

---

1. *Harvard Business Review*, version française, février-mars 2014.

ne suivront pas un dirigeant qui ne leur semble pas authentique ». Or, les dirigeants interviewés ont clairement expliqué que « *pour être authentiques, ils devaient travailler pour une entreprise authentique* ». Cette entreprise de rêve devrait, selon les chercheurs, cumuler plusieurs caractéristiques au-delà des différences de secteurs, notamment : « *une entreprise où les différences individuelles sont encouragées* » et « *qui représente quelque chose qui fait sens* ». Les auteurs citent une étude menée par Hay Group qui montre que « *les salariés très impliqués ont en moyenne 50 % de chances de plus de dépasser les attentes que les employés moins investis. Et les entreprises dont les collaborateurs s'investissent beaucoup dans leur rôle enregistrent de meilleures performances que celles qui emploient les personnes les moins motivées (+ 54 % pour la stabilité dans l'emploi des salariés, + 89 % pour la satisfaction clients, et + 300 % pour la croissance du chiffre d'affaires)* ». Selon une étude réalisée par le chercheur Dan Cable, de la London Business School, « *les salariés qui se sentent libres d'exprimer leur véritable personnalité au travail atteignent un niveau plus élevé d'investissement dans l'organisation et de performance individuelle, et sont plus enclins à aider les autres. Le succès du numéro un mondial du luxe LVMH s'explique notamment par une culture où des types de salariés aux antipodes les uns des autres peuvent s'épanouir et travailler en coopérant. Waitrose, l'une des plus grandes chaînes britanniques de distribution alimentaire, permet à chaque salarié d'en être le copropriétaire et de toucher une partie des bénéfices annuels de la société. L'entreprise tient de surcroît à connaître et à encourager les goûts personnels de chacun. La culture associative est aussi très vivace : il y a des clubs de cuisine, de travaux manuels, de natation. Vous voulez apprendre à jouer du piano ? Waitrose prend en charge la moitié du coût des leçons. C'est ainsi que l'entreprise s'efforce de créer une atmosphère dans laquelle les gens se sentent libres d'être eux-mêmes. Elle vise le "bonheur de ses partenaires comme objectif ultime"* ». Les chercheurs Julie Ménard et Luc Brunet[1] ont d'ailleurs montré l'influence de l'authenticité sur le bien-être des employés. L'authenticité renvoie ici à la fois au respect de soi ou de son identité, et à l'éthique ou au respect

---

1. Julie Ménard, Luc Brunet, « Authenticité et bien-être au travail : une invitation à mieux comprendre les rapports entre le soi et son environnement de travail », *Pratiques psychologiques*, 2011.

d'autrui et des normes sociales. Ainsi, se comporter de manière authentique favoriserait le bien-être des collaborateurs.

Des dirigeants qui osent l'authenticité

Ted Mathas, directeur de la compagnie d'assurances New York Life, explique : *« Lorsque j'ai été nommé P.-D.G., ma plus grande préoccupation a été de savoir si ce travail me permettrait de dire ce que je pense. J'ai besoin d'être moi-même pour faire du bon travail. C'est pour tout le monde pareil. »* Les patrons qui semblent intègres sont récompensés. Une recherche, menée par le cabinet KRW[1] auprès de 84 entreprises, a fait évaluer leurs dirigeants par les employés d'après quatre caractéristiques : intégrité, clémence, compassion et responsabilité. Les dirigeants les mieux notés (« les vertueux ») obtenaient une rentabilité des actifs en moyenne cinq fois plus élevée que les dirigeants mal notés (les « égocentriques »). Moralité et rentabilité sont compatibles ! Autre exemple, celui de Kazuo Inamori, le « sauveur » de la Japan Airlines. Quelle est la raison d'être de l'entreprise ? Pour ce dirigeant devenu moine bouddhiste, il ne s'agit pas de générer du cash ou uniquement de satisfaire les actionnaires. Le fondement d'une entreprise, selon lui, doit avoir un seul but : l'*« épanouissement matériel et spirituel des employés »*.

Les cas inverses existent : Enron, qui fit faillite par ses opérations spéculatives sur le marché de l'électricité, avait manipulé ses comptes et vu ses dirigeants emprisonnés. Or, les valeurs de la société affichées dans le hall promettaient « intégrité et respect ». Le P.-D.G. de Toshiba a demandé des reports de perte pour ne pas ternir la performance globale de l'entreprise. Le maquillage des comptes pendant six ans (une surévaluation des profits pour plus d'un milliard d'euros et des objectifs de vente non atteignables pour des cadres dirigeants habitués à ne jamais s'opposer) a entraîné un véritable raz-de-marée.

---

1. *Harvard Business Review*, version française, décembre 2015-janvier 2016.

L'EXEMPLE D'UN PATRON AMÉRICAIN

John Mackey, CEO de la chaîne de distribution de produits bio Whole Foods, est devenu l'un des pionniers du Conscious Capitalism®. À la tête d'un revenu de 14 milliards de dollars et de 88 000 équipiers, Mackey est régulièrement récompensé comme étant l'un des meilleurs dirigeants. En 2006, il réduit son salaire à un dollar, limite à dix-neuf fois l'écart entre les plus hauts et les plus bas salaires. Son ambition ? Restaurer un capitalisme plus intègre, humainement innovant, noble (car servant le bien-être, la santé et la prospérité), intrinsèquement bon (car créant de la valeur), éthique (car basé sur l'échange volontaire). Quatre piliers fondent ce capitalisme authentique : une **vision** porteuse de **sens** (Whole Foods vise la bonne santé des gens et de la planète) ; la **valeur créée** récompense chaque **partie prenante** (du fermier au consommateur, des investisseurs à l'environnement) ; un **leadership** en **conscience** (courage moral, intelligence analytique, émotionnelle, systémique et spirituelle) qui inspire ; enfin une **culture** de confiance, d'authenticité, de transparence et d'autonomie. Un vote régulier des salariés fixe les avantages sociaux qu'ils attendent de WF (couverture sociale, mobilité, programme santé…). Mackey est un leader authentique qui démontre ses valeurs dans ses actions.

« Votre vision ne deviendra claire que lorsque vous regarderez dans votre cœur. Celui qui regarde à l'extérieur, rêve. Celui qui regarde en lui, s'éveille », annonçait C. G. Jung. Et si vous regardiez davantage en vous, ça donnerait quoi ?

Ces entreprises qui mobilisent les forces et valeurs de leurs collaborateurs

L'identification et la mobilisation des forces de caractère et des valeurs personnelles se développent dans les entreprises. Ainsi, la société d'assurances Aviva ou Ernst & Young ont basé les recrutements notamment sur les forces des candidats. Stratégie gagnante, puisque recruter sur la promesse d'exploiter les forces des futures recrues est assurément un facteur de différenciation face aux concurrents. Elle a aussi le mérite de favoriser l'engagement, puisque les forces mobilisées chez les nouveaux diplômés sont stimulantes et authentiques, selon les chercheurs. Ainsi, Norwich Union révèle que les recrues sélectionnées sur leurs forces s'adaptent plus rapidement à leur poste, sont plus productives et plus engagées dans leur job. Ce qui est confirmé par le chercheur Rath : un employé dont le manager mobilise ses forces a deux fois et demie plus de chances d'être investi dans son travail que celui dont le manager pointe ses faiblesses.

Certains dirigeants français sont encore à corriger les points faibles, au lieu de développer les points de force, de leurs collaborateurs. Mieux vaut suivre ce que les Anglo-Saxons résument par la formule « *Build what's strong rather than fix what's wrong* ». Au terme de ce chapitre plus introspectif, il est temps pour vous de répondre à cette unique question : « Êtes-vous sincèrement vous-même dans votre vie de dirigeant ? » Si la réponse est « pas tout à fait », vous avez à présent quelques clés…

JE FAIS LE POINT

À partir du sous-chapitre ci-dessus, répondez aux questions suivantes. L'idée, ici, est de vous aider à identifier les décisions que vous pourriez prendre afin de développer un leadership plus authentique :

- quelles sont les trois idées clés que vous retenez de ce chapitre ?
- Quel premier pas concret pouvez-vous faire pour affirmer davantage votre vraie personne derrière le costume de dirigeant ?
- Quelle idée, pratique ou connaissance scientifique vous a le plus marqué ? Comment a-t-elle influé sur l'impact et le sens de vos actes et paroles en tant que leader ?
- Comment pouvez-vous façonner votre rôle de dirigeant afin de lui donner plus de sens, pour vous, pour vos équipes ?

CHAPITRE 5

TISSER DU LIEN POUR DES CONNEXIONS ÉMOTIONNELLES CONSTRUCTIVES

À quand remonte la dernière fois où vous vous êtes exprimé avec le cœur devant vos collaborateurs ? Que vous avez eu une conversation profonde et empathique avec l'un d'eux ? Reconnaissons-le, cette dimension du leadership est loin d'être la plus partagée par les dirigeants, elle est même parfois redoutée par certains. L'intelligence relationnelle, que nous résumons ici à « savoir tisser du lien » entre les individus, devient, selon nous, une compétence critique du leadership. Construire et nourrir des relations de travail positives permet de relever plus facilement les immenses défis qui nous attendent : organisations plus horizontales et fluides, agilité collective, rester humainement connectés dans un monde digital, se réinventer chaque jour, sous peine de risquer de disparaître… Explorons à présent comment tout dirigeant devrait tisser sa toile émotionnelle et bâtir des relations positives dans son écosystème.

MOUVOIR, ÉMOUVOIR

Le pouvoir des émotions positives

Venant du latin « *motio* » (« mouvement, action de mouvoir »), l'émotion est un état momentané, mobilisant le corps et l'esprit. Elle entraîne une spirale autoentretenue (positive ou négative). Parmi les émotions positives les plus utiles à notre bien-être et à nos relations, citons la joie, la gratitude (cf. chapitre 6 « Oser la bonté »), la sérénité, l'espoir, la fierté, l'inspiration et, bien sûr, l'amour.

Les chercheurs en psychologie positive ont coutume de classer les émotions positives selon l'axe du temps :

Passé	Présent	Futur
• les émotions positives centrées sur le passé, comme la gratitude, le contentement ;	• les émotions positives centrées sur le présent, comme la joie ;	• les émotions positives centrées sur le futur, comme l'optimisme, l'espoir.

Avoir de bonnes relations avec autrui est fondamental pour notre bien-être, surtout au travail. B. Fredrickson montre dans ses recherches qu'un climat d'émotions positives aide à réussir les changements d'organisation, en incitant les collaborateurs à développer de nouvelles manières d'entrer en relation et d'élargir leur registre émotionnel. D'autres études évoquent le lien direct entre l'expression des émotions du leader et l'humeur de ses collaborateurs et leur envie ou non de le suivre (Bono & Ilies, 2006). Les émotions positives ont même une influence majeure sur le succès de la transformation des organisations[1].

La neurobiologie interpersonnelle va encore plus loin : elle démontre la contagion de l'humeur. Une personne écoutant une autre personne triste aura tendance, par congruence, à ressentir et exprimer de la tristesse. De même, la contagion émotionnelle primitive explique pourquoi un visage exprimant la joie ou la colère chez autrui aura tendance à nous servir de base pour détecter et ressentir en nous-même l'intensité et la nature de ces émotions. Ces mécanismes illustrent bien la propagation des émotions positives ou non dans un lieu d'interactions sociales comme le bureau.

---

1. Tanya Vacharkulksemsuk, Leslie E. Sekerka, Barbara L. Fredrickson, "Establishing a Positive Emotional Climate to Create 21st-Century Organizational Change", *op. cit.* www.PositiveEmotions.org.

Interactions positives et équipes performantes

Racontez comment se passent les réunions dans votre organisation : y encourage-t-on les échanges ouverts et constructifs, ou bien est-ce plutôt le lieu de règlements de comptes destructeurs où l'on assiste, telle une arène, à des luttes d'ego et de pouvoir devant un public partisan ou confortablement neutre ? Ou bien encore sont-elles des instances sans vie, passives, où l'ennui domine et où l'ordre du jour est rarement tenu ?

Le chercheur Marcial Losada et son équipe ont fait une découverte décisive. En étudiant 60 équipes et leurs managers, au sein d'entreprises internationales, les chercheurs observaient, derrière un miroir sans tain, les interactions lors des réunions (prises de parole), qu'ils ont classées en deux catégories : les positives (« Quelle bonne idée, super, j'approuve, je suis d'accord, comment peut-on t'aider pour ton projet ? ») et les négatives (« Ça ne marchera pas… je ne voudrais pas être pessimiste, mais… comment peut-on affirmer une telle chose, tu te trompes, je n'y crois pas une seconde »). Connaissant leurs performances objectives (rentabilité, satisfaction clients ou appréciations 360°), les chercheurs ont conclu que les équipes hautement efficaces avaient un ratio d'environ six interactions positives pour une négative, les équipes moyennement efficaces un ratio de deux pour une, et les équipes les moins performantes un ratio inverse d'environ trois interactions négatives pour une seule positive. Le rapport optimal se situerait à 2,9 paroles positives pour une parole négative, sans que celui-ci puisse constituer une norme rigide. Les émotions positives ne sont pas une fin en soi, mais un moyen de développer l'efficacité collective. En dessous de ce seuil, les équipes stagnent et semblent moins performer. Au-dessus, les membres s'épanouissent et la performance est là (plus de trois interactions positives pour une négative). Évidemment, loin de nous l'idée naïve de nier les interactions négatives. Elles sont nécessaires.

J'OPÈRE MA TRANSFORMATION

MON RÉSERVOIR D'ÉMOTIONS POSITIVES
(5 minutes tous les jours)

Objectif: se construire et entretenir un réservoir d'expériences positives auquel je peux faire appel pour me sentir bien et entraîner mes équipes.

En pratique

Tous les jours, notez dans votre «carnet de voyage intérieur» une expérience qui a déclenché en vous une émotion agréable. Décrivez avec précision l'intensité et la nature de chaque émotion, en tenant compte des conseils suivants, tirés de B. Fredrickson:

1. Soyez sincère, naturel. Personne ne vous juge.

2. Multipliez les réservoirs. Ne comptez pas sur un seul réservoir d'émotions positives.

3. Les réservoirs se vident et se remplissent. Veillez à les remplir tous.

4. Gardez toujours vos réservoirs à portée de main.

5. Utilisez-les dès qu'une spirale négative s'enclenche.

6. Remplissez vos réservoirs en pleine conscience, le cœur ouvert à l'expérience.

7. Ne cherchez pas à analyser, comprendre, juger.

8. Variez l'utilisation de vos réservoirs, alternez-les, quand l'un se vide trop vite, allez en chercher un autre.

LEADERSHIP ET CONNEXIONS POSITIVES

Un leader plus empathique

Soyez franc: quelle énergie consacrez-vous à encourager autour de vous des relations de travail positives, en montrant l'exemple bien sûr? Êtes-vous sincèrement à l'aise avec l'idée d'un conflit positif? Sur une échelle de 0 à 10, à combien évaluez-vous votre degré de connexion émotionnelle avec votre équipe directe? Le

Leader positif s'évertue à construire et entretenir des connexions fortes entre les personnes, et à encourager les synergies productives. Pour gagner en efficacité et confiance, en respect et entraide mutuels. D'ailleurs, la recherche avance que les émotions positives contribuent à de meilleures décisions managériales et que les dirigeants ressentant plus d'affects positifs appréhendent plus efficacement les transformations organisationnelles[1].

L'EXEMPLE DE JEFF WEINER, CEO DE LINKEDIN

S'il y a un dirigeant qui sait l'importance des relations, c'est bien le CEO de LinkedIn. Sa mission? Relier les professionnels du monde entier pour les rendre plus performants. Élu meilleur P.-D.G. américain par Glassdoor (en 2014), Il fait des relations positives entre ses collaborateurs la clé de la mise en œuvre réussie de la stratégie. J. Weiner travaille dur pour créer un esprit de collaboration et de plaisir sans jamais perdre de vue la nécessité de résultats. Il ne veut pas de collaborateurs dociles et obéissants, et encourage son équipe à challenger et défendre ses idées, menant parfois à des conflits. Souvent, un membre de l'équipe se sent investi émotionnellement dans ses propres idées, les défend avec passion, et, à la fin, une autre idée ou une autre direction peut être choisie. Il encourage les retours d'expérience systématiques, et invite à déterminer ce qui a bien et mal fonctionné, à faire les corrections de trajectoire nécessaires. Ce CEO est grandement conscient de l'importance du rôle du leader, qui doit donner l'exemple des relations positives: «*Plus vous êtes responsable de collaborateurs, plus vos mots et votre façon de communiquer ces mots, votre langage corporel sont essentiels, tout ce que vous faites est pris en considération par votre équipe.*» Parmi les valeurs de LinkedIn: «*Les membres d'abord; les relations sont importantes; être ouvert, honnête et constructif.*» Le réseau compte 400 millions de membres (plus que Twitter) pour une valorisation à 25 milliards de dollars.

---

1. Timothy A. Judge, Carl J. Thoresen, Vladimir Pucik, Theresa M. Welbourne, "Managerial Coping With Organizational Change: A Dispositional Perspective", *Journal of Applied Psychology*, Vol 84 (1), Feb 1999, 107-122.

Souvent considérée à tort par certains dirigeants comme une marque de faiblesse, l'empathie se présente, au contraire, comme un atout précieux. Ne vous êtes-vous jamais dit que comprendre l'autre impliquait systématiquement de subir, rester passif, prendre en charge, voire baisser les bras ? L'empathie profonde, au contraire, nous permet d'agir de manière incarnée, engagée. Cette conscience sociale nous aide à comprendre l'expérience d'autrui, ses forces, ses motivations, ses intentions, mais aussi ses émotions et ses comportements. Comprendre ne veut pas dire accepter, cautionner ou passer à l'acte. L'intérêt d'un leadership empathique en période de fortes turbulences, d'incertitudes et d'invasion des nouvelles technologies, est de créer les conditions d'une compréhension profonde de l'autre pour l'aider à retrouver de la sérénité et mieux franchir les multiples changements nécessaires dans toute organisation. Saviez-vous que les émotions positives des leaders étaient parmi les plus contagieuses ? Leurs émotions positives authentiques conditionnent la créativité, la cohésion, la coopération, et donc la performance, de leurs équipes selon les chercheurs[1].

Mais comment, alors, pouvez-vous développer votre empathie ? Là non plus, pas de fatalité à rester hermétique aux émotions d'autrui. Commencez par identifier les obstacles en vous et chez les autres.

- **En vous.** Notre histoire, nos croyances, nos convictions sont autant de filtres dans la compréhension des individus. Ne pas chercher à tout savoir de l'autre. D'ailleurs, prétendre comprendre totalement autrui est impossible, tant la complexité de l'être humain est élevée.

- Chez les **autres.** Communiquer ses émotions, son vécu, ses intentions est tout sauf aisé. Il nous arrive de masquer, inconsciemment ou non, certaines dimensions de nous-mêmes. Cultiver son empathie réclame donc une conscience de soi, une dose d'extrapolation et une bonne capacité à traduire sa compréhension de l'autre. Mais cela nécessite aussi de détecter en soi l'expérience de l'autre, ses intentions, espoirs ou peurs.

---

1. James Ashton, Neal M. Ashkanasy, Claire E. Ashton-James, 2007.

Repérer ces similitudes aide à nous connecter et à déclencher l'action. Pas simple quand on sait que notre cerveau perçoit d'abord les différences (donc les signes du danger que représente un changement) avant les similitudes. Nos neurones miroirs expliquent pourquoi nous entrons en résonance avec autrui (en imitant ses schémas de pensée ou ses comportements), facilitant notre compréhension de ses actes.

Voir d'abord les ressemblances, accepter nos failles

Lors d'un échange avec un inconnu ou d'un conflit, vous arrive-t-il de vous centrer sur tout ce que vous avez en commun, plutôt que sur vos différences ? Rarement, voire jamais. Pour développer notre capacité d'empathie, il est utile de s'entraîner à remarquer nos similitudes, surtout pour faciliter la résolution d'un problème ou approfondir la relation avec une personne. Cette attitude active illustre notre envie de prendre en compte les besoins, les intentions, les sentiments, les perspectives d'autrui. Elle est un bon préalable pour trouver une solution.

Bâtir une relation empathique passe aussi par un tout autre défi : celui de prendre en compte nos failles, nos vulnérabilités. Pas évident. Ces zones dans lesquelles nous nous sentons fragiles, en insécurité psychologique, sont difficiles à avouer, parfois même à nos proches. La plupart du temps, nous cherchons à les masquer, y compris à nous-mêmes. Et, bien prendre conscience des vulnérabilités de l'autre peut nous aider à gagner en qualité de relation et à sortir plus efficacement d'un conflit, en ressentant davantage de compassion.

Parmi les croyances limitantes, les doutes, les failles, les zones d'insécurité de tout individu, nous trouvons :

- le besoin excessif de contrôler les choses ;
- la quête de perfection ;
- la peur de ne pas se sentir suffisamment à la hauteur et apprécié ;
- l'autocritique ;
- le besoin de reconnaissance, d'approbation, de réassurance ;

- la peur de l'échec, du jugement d'autrui ;
- les attentes de soi ou des autres exagérément élevées ;
- le sentiment d'insécurité ;
- la peur de décevoir ;
- le besoin de connaître l'avenir, de maîtriser notre destin ;
- l'anxiété sociale ;
- la peur de mourir…

En tant que dirigeant, quelles sont vos trois principales zones de vulnérabilité inavouables (pour l'instant) ?

1. ....
....

2. ....
....

3. ....
....

Et si vous considériez vos points de faille comme autant d'opportunités à entrer en empathie avec vos interlocuteurs ? Mieux, cette attitude est une qualité précieuse lorsque vous êtes face à quelqu'un de fermé, agressif ou rigide. Elle permet souvent de désamorcer une peur ou un sentiment d'insécurité qui peut se traduire en comportement violent. Place à votre entraînement !

J'OPÈRE MA TRANSFORMATION

PLUS DE POINTS COMMUNS QUE DE DIFFÉRENCES (2 à 5 minutes)

En pratique

- Je choisis un endroit calme, où je ne serai pas dérangé(e), mon portable est coupé. Assis(e) de préférence, j'ôte mes chaussures et pose les deux pieds à plat au sol, de manière à me sentir ancré(e), le dos décollé du siège (si possible), les mains à plat sur les cuisses. Je ferme les yeux.

- À présent, je prends le temps de porter mon attention à mon souffle: au niveau du diaphragme ou de l'abdomen. Je prends conscience simplement de mon souffle sans chercher à le contrôler. J'observe chaque inspiration, chaque expiration, unique, dans toute leur longueur.

- Puis je dirige mon attention vers une personne que je connais et avec laquelle j'ai du mal à communiquer ou suis en conflit. Je visualise et ressens chacune des phrases suivantes:

  - «Comme moi, cette personne a des moments de doute, de souffrance.»

  - «Comme moi, cette personne a des moments de bonheur et de sérénité.»

  - «Comme moi, cette personne a des proches, une famille qui l'entourent.»

  - «Comme moi, cette personne vieillit et traversera des périodes difficiles en matière de santé et des périodes de rétablissement.»

  - «Comme moi, cette personne souhaite se sentir en sécurité, apaisée.»

  - «Comme moi, cette personne quittera ce monde un jour.»

- Puis je porte mon attention sur les sensations ou sentiments agréables et l'énergie qui se répandent dans tout mon corps, tranquillement. J'inspire et j'expire dans toutes ces zones agréables.

- Progressivement, je laisse ces sensations et ces émotions m'imprégner et s'ancrer profondément en moi.

- Quand je le décide, je reviens à la conscience de mon souffle le temps de 3 ou 4 respirations. Je me félicite des bénéfices précieux que je tire de cette pratique, puis j'ouvre lentement les yeux et conserve, du mieux que je puisse, cette qualité d'attention le reste de la journée.

Se rendre vulnérable, c'est aussi faire preuve d'humilité. Que d'arrogance encore chez de nombreux dirigeants! Un leader humble ne veut pas dire un leader faible. Pratiquer l'humilité, au contraire, exige beaucoup de courage. L'humilité intellectuelle fait partie des traits de personnalité recherchés chez Google, comme un gage pour apprendre et progresser. Une recherche sur le leadership inclusif[1] classe l'humilité comme l'un des quatre facteurs facilitant l'intégration de salariés provenant d'horizons différents. Ce style de management altruiste se caractérise par une attitude modeste du leader qui accepte les critiques, reconnaît ses erreurs, apprend de ses collaborateurs. Avec des bénéfices induits très intéressants : des employés plus engagés, solidaires, ouverts, créatifs. La recherche menée auprès de 1 500 personnes montre aussi que ce leadership inclusif mobilise à la fois la singularité des individus, reconnus pour leurs compétences particulières, et le sentiment d'appartenance à leur équipe lorsqu'ils partagent leurs points de vue entre collègues. Les auteurs de la recherche donnent quelques conseils pour cultiver notre humilité :

- partagez les enseignements de vos erreurs. Révéler son cheminement personnel, c'est aider les autres à apprendre et grandir. Nous nous reconnaissons plus facilement dans ceux qui partagent leurs imperfections, leurs failles ;

- lancez les conversations, sans entrer dans le débat ou le rapport de force. Écouter les différents points de vue et voir au-delà de son intérêt immédiat et de ses certitudes, augmentant ainsi ses propres connaissances et offrant aux collaborateurs le sentiment d'être sincèrement écoutés ;

- savourez l'incertitude et l'ambiguïté. Admettez humblement que vous n'avez pas toutes les réponses face à l'avenir. Cela crée de l'ouverture pour les idées collectives, de l'interdépendance, et donc plus de solutions face à la complexité.

Rien n'est irréversible en matière de comportement managérial. Fixez-vous une première marche vers l'humilité si votre posture est, pour l'instant, très haute !

---

1. http://www.catalyst.org/knowledge/inclusive-leadership-view-six-countries et *Harvard Business Review* France, décembre 2015-janvier 2016.

Créer un climat de confiance et de collaboration

La positivité n'exclut pas le feed-back! Voici une clé très simple et validée scientifiquement par la chercheuse de UCLA, Shelly Gable. Lorsqu'une personne fait part d'une information positive, d'une bonne nouvelle (par exemple : « Le prospect est d'accord pour nous revoir ! »), on peut réagir de quatre façons :

Réponse…	Constructive	Destructive
Active	« Super ! Comment puis-je t'aider à transformer l'essai ? » ou : « Bonne nouvelle, dis-m'en plus ! »	« Ce n'est pas ta priorité ! » ou : « Ça va te faire un dossier de plus à traiter ! »
Passive	« Bonne nouvelle » ou : « C'est super ! »	« Ah bon ? Tu n'oublies pas de m'envoyer ton reporting ? »

Vous l'aurez compris, la réponse « active-constructive » (RAC) est, de loin, la plus efficace car elle valorise le collaborateur, renforce son comportement constructif (par le questionnement ouvert) et sa motivation (par l'intérêt, l'attention ou le soutien apporté). La réponse active-destructive affecte la personne, en minimisant la bonne nouvelle. La réponse passive-destructive élude cette bonne nouvelle en déplaçant le sujet sur soi. La réponse passive-constructive met un terme à l'échange et témoigne de peu d'intérêt (ou félicite de manière impersonnelle ou automatique). Selon la chercheuse, sous ses dehors en apparence positifs, cette réponse passive-constructive fait plus de dégâts qu'elle n'y paraît car elle prive la personne porteuse de la bonne nouvelle de l'opportunité de la raconter. La qualité d'attention est une vertu essentielle pour tout dirigeant. Prenez le cas de Stewart Butterfield, CEO de Slack, la start-up à 2,8 milliards de dollars qui *« dynamite la communication en entreprise »* selon *Le Figaro*[1]. Il souligne que l'une des valeurs fondamentales est de faire attention aux autres, de faire preuve d'empathie, de courtoisie et de respect à tout moment. Y compris dans les réunions : « Si vous participez à une réunion, alors prêtez-y la plus grande attention. Mais si cette réunion ne mérite pas votre pleine attention, dites-le et quittez-la ! »

---

1. lefigaro.fr du 7 septembre 2015.

Autre technique pour tous ceux qui pensent que donner un feed-back positif est artificiel ou qu'il ne faut n'en donner que des négatifs (il y en a encore de nombreux…) : prenez les quatre rois d'un jeu de cartes. Le roi de trèfle ne fait que pointer les erreurs, les points faibles sans aucune explication. Le roi de pique pointe les mêmes erreurs et points faibles, mais donne des explications, des faits. Le roi de cœur ne fait que des commentaires agréables sans donner d'explication. Le roi de carreau en fait autant, mais en donnant des explications. Lequel croyez-vous être le plus sti-mulant pour le collaborateur ? Le roi de cœur, bien que parlant avec son cœur, pense bien faire en se contentant d'un « Bien joué, bravo ! ». Erreur. Faites l'essai et observez combien la posture du « roi de carreau » a plus d'impact. Car elle précise ce qu'il y a de bien, spécifiquement dans le comportement ou les actions du collaborateur. Cela nécessite de l'observer avec attention.

S'ENTRAÎNER
AUX CONVERSATIONS PROFONDES

On ne le répétera jamais assez : montrer de l'empathie, pour un dirigeant, ne veut pas dire verser dans la sensiblerie ou renoncer à son autorité. Prenez une situation de conflit. Vous arrive-t-il de « bloquer » sur vos différences de points de vue ou sur la manière dont la personne aurait dû se comporter autrement ? Sur la nécessité de l'« emporter » au détriment de l'autre ? Cela revient à coincer sur les comportements en surface. Classique. Trop rarement nous cherchons à creuser dans les racines à l'ori-gine des comportements qui nous agacent, conduisant ainsi à entretenir le conflit latent. Et si vous changiez de perspective ? Essayez, lors d'un prochain conflit avec l'un de vos collabora-teurs, de mettre en place une conversation profonde en reprenant les étapes suivantes :

1. Identifiez une situation conflictuelle présente ou passée (les faits, la personne en question).

2. Puis explorez successivement les **trois niveaux suivants** du conflit selon :

- votre point de vue :
  - **En surface** : quel comportement me pose problème chez l'autre et dont j'aimerais qu'il/elle se débarrasse ? Quel comportement aimerais-je voir l'autre adopter ?
  - **Sous la ligne de flottaison** : en y regardant de plus près, quel est mon objectif sous-jacent, mon intention autrement plus essentielle, que ce comportement m'empêche d'atteindre ?
  - **Le besoin profond** : quel est, finalement, mon besoin le plus profond ? Quel niveau de respect (sécurité) et de confiance ai-je besoin de ressentir dans la relation avec l'autre pour résoudre ce conflit ? Est-il/elle dans ou en dehors de mon équipe ? Puis-je compter vraiment sur lui/elle ou non ?
- Son point de vue :
  - **En surface** : quel est le comportement qui pose problème chez l'autre et dont il/elle aimerait se débarrasser ? Quel comportement aimerait-il/elle voir chez moi ?
  - **Sous la ligne de flottaison** : en y regardant de plus près, quel est son objectif sous-jacent, son intention autrement plus essentielle que ce comportement l'empêche d'atteindre ?
  - **Le besoin profond** : quel est, finalement, son besoin le plus profond ? Quel niveau de respect (sécurité) et de confiance a-t-il/elle besoin de ressentir dans sa relation avec moi pour résoudre ce conflit ? Suis-je dans ou en dehors de son équipe ? Suis-je ou non de son côté ? Peut-il/elle compter vraiment sur moi ? Pense-t-il/elle que je l'apprécie ou non ?
3. Décidez de **solutions à somme positive** : centrez-vous sur les alternatives positives possibles plutôt que sur les obstacles, en répondant aux trois niveaux du conflit.

Alors, comment vous sentez-vous après cette immersion ? Soulagé(e) ? Avouons-le, nous n'osons pas nous aventurer dans ces eaux profondes par peur de nous dévoiler ou d'être jugé. Pourtant, c'est au leader de montrer l'initiative et le courage d'aller creuser les racines d'une relation conflictuelle ou difficile. La prochaine fois, osez vous mouiller !

Et si les conflits devenaient positifs?

Vous n'aimez probablement pas arbitrer les conflits dans vos équipes. Or, selon le cabinet de recrutement Robert Half, les managers y consacrent 18 % de leur temps! C'est bien connu, résoudre un conflit réclame plusieurs qualités: clarté de communication, confiance et respect, esprit constructif et courage aussi. Ce que l'on sait moins, c'est qu'un conflit peut devenir positif quant à ses conséquences: il peut permettre de sortir grandi pour les deux parties et d'identifier de nouvelles opportunités ou des possibilités innovantes.

Lorsque l'on se sent victime au point d'entrer en conflit avec quelqu'un, le premier réflexe à avoir est d'« auditer » notre histoire et de la réécrire. Pas facile, d'autant qu'il faut faire preuve d'objectivité et de recul. Vous pouvez, par exemple, vous demander:

- qu'est-ce qui me choque sincèrement?
- Si j'écoute le point de vue d'autrui, quels enseignements puis-je en tirer?
- En quoi suis-je partiellement responsable de la situation? Et si je lâchais ma version des faits?
- Et si je recevais les émotions de la partie adverse, si j'entrevoyais la possibilité de pardonner, en quoi cela modifierait-il le conflit?
- Si je challengeais mes schémas mentaux automatiques (jugement, comparaison, victimisation, jalousie, injustice…), est-ce que cela influerait sur l'issue du conflit?
- S'il devait y avoir au moins deux autres sorties possibles du désaccord, quelles seraient-elles?
- Que puis-je apprendre sur moi, sur l'autre, à l'issue de ce différend?

La démarche du conflit positif proposée ci-dessous fait la part belle à la qualité de relation positive entre deux personnes. Elle tient en trois étapes clés.

Première marche à franchir: rester connecté à l'autre

- La manière dont une conversation débute ressemble souvent à la manière dont elle se termine. **Établir une tonalité posi-**

tive et constructive dès le début est essentiel (vous pouvez, par exemple, valider ensemble l'objectif de l'échange, accuser réception de l'état émotionnel de l'autre, communiquer votre intention sincère de construire une solution respectueuse, etc.).

- **Faites un détour.** Au lieu de vous précipiter sur l'objet de la discorde, amorcez l'échange en exprimant votre sincère bienveillance et l'ouverture à trouver une solution. Vous pouvez, par exemple, exprimer ce que vous avez en commun, ce que vous appréciez chez l'autre, formuler un espoir ou votre compréhension de la situation générale, puis en venir à la situation qui pose problème. Votre interlocuteur et vous-même ne deviez pas, ainsi, vous mettre en mode défensif.

- **Proposer une exploration** ensemble du problème et des solutions possibles, évitant ainsi de formuler une critique, fût-elle constructive. Exemple : « Je ressens pas mal d'incompréhension et de tensions entre nous. Je te propose de découvrir ensemble ce qui se passe, ça te va ? »

- **S'engager avec des règles constructives** en verbalisant l'accord sur, par exemple, le respect mutuel, l'envie de trouver une solution, prendre son temps…

- **Inviter à partager son état du moment**, son humeur du jour en commençant par soi : une situation personnelle délicate peut colorer notre attitude et expliquer un comportement plus ou moins agressif. Par une attitude empathique, invitez l'autre à partager son état émotionnel de l'instant, en exprimant ce que vous percevez (« Je te sens plus préoccupé que d'habitude »).

- **Écoutez l'autre dans la description de la situation**, en faisant silence. Puis, à votre tour, faites de même, d'une manière factuelle (« Que s'est-il passé selon toi ? »).

Deuxième marche à franchir : formuler le message difficile

- **Toujours distinguer la personne du problème.** Ne jamais attaquer la personne, mais se centrer sur les comportements, les agissements.

- **Lister les faits**, pas vos sentiments ou vos opinions.

- **Accueillez les revendications ou le point de vue de l'autre,** ce qui ne signifie pas que vous les acceptez (« J'apprécie que tu exprimes ce point de vue », « J'entends ton envie de… », « C'est humain d'attendre tel retour… »).

- **Soyez précis sur ce que vous attendez** (« Faire preuve d'esprit constructif, c'est, par exemple, proposer systématiquement à chaque comité de direction au moins une solution aux problèmes soulevés » ou « Formuler une question d'exploration pour comprendre les difficultés des autres membres du comité »).

- **Décrivez les prochaines étapes positives**, observables, concrètes.

Troisième marche à franchir : l'art d'exprimer ses excuses

Les recherches de John Gottman montrent les bénéfices à exprimer sa part de responsabilité dans les origines du conflit, à commencer par enrichir le capital confiance entre deux personnes.

- **Exprimer sa part de responsabilité**, en démarrant par « Je » (« Je reconnais n'avoir pas été assez clair sur ma demande »).

- **S'excuser sincèrement pour les dommages causés** (« Je regrette de t'avoir blessé, de t'avoir sous-estimé… »).

- **Engager vers plus de vigilance à l'avenir.** Montrer son intention de prévenir le risque que la situation se reproduise, détecter ensemble les « signaux faibles », en faisant remarquer un changement d'attitude à chaud au sortir d'une réunion par exemple. Finir en se reconnectant à ce qu'il y a de bon dans la relation. Si l'effort à produire vous semble important, essayez la pratique ci-dessous, elle vous aidera à entretenir votre bienveillance. Ne la préjugez pas, faites-la simplement !

J'OPÈRE MA TRANSFORMATION

FAIRE RAYONNER LA BIENVEILLANCE
(5 à 8 minutes)

En pratique

- Je choisis un endroit calme, où je ne serai pas dérangé(e), mon portable est coupé. Assis(e) de préférence, j'ôte mes chaussures et pose les deux pieds à plat au sol, de manière à me sentir ancré(e), le dos décollé du siège (si possible), les mains à plat sur les cuisses. Je ferme les yeux.

- À présent, je prends le temps de porter mon attention à mon souffle: au niveau du diaphragme ou de l'abdomen. Je prends conscience simplement de mon souffle sans chercher à le contrôler. J'observe lentement chaque inspiration, chaque expiration, unique, dans toute leur longueur. Puis je porte attention à ma poitrine et à la région du cœur qui bat. La fragilité et la préciosité de la vie.

- Explorons notre vie précieuse avec compassion, clémence et amour. Il est possible que nous nous critiquions, que nous soyons souvent durs avec nous-mêmes et que nous témoignions plus facilement de la compassion aux autres.

- Explorons les qualités puissantes de l'amour bienveillant, de l'amour altruiste, infini, comparable au soleil ou aux étoiles qui illuminent tous les êtres vivants sans distinction ni préjugé.

- Faisons pénétrer cet amour dans notre cœur, notre peau, notre chair, nos os, nos cellules et tout notre être. Puissions-nous nous ouvrir à une bienveillance et à une compassion profonde envers nous-même, en reconnaissant et en acceptant l'être imparfaitement parfait que nous sommes.

- Il est possible que nous ayons du mal à ressentir de l'amour pour nous-même. Travaillons sur ce point en reconnaissant nos difficultés, puis continuons à nous ouvrir.

- À présent, je m'ouvre à ces phrases en les laissant se diffuser dans mon être: «Que je sois en sécurité. Que je sois en bonne santé. Que mon corps et mon esprit soient apaisés. Que je sois en paix.»

- Puis je songe à étendre l'amour bienveillant à un ou plusieurs êtres compliqués avec lesquels mes relations sont difficiles ou impossibles. Il peut sembler délicat, voire impossible, de faire preuve d'amour bienveillant envers ces personnes. Je prends le temps de ressentir l'effet toxique du ressentiment sur ma santé et mon bien-être. Puis j'ouvre mon cœur et j'étends doucement l'amour bienveillant à ces personnes en leur souhaitant de trouver la clé de leur propre cœur («Que ces êtres compliqués soient en sécurité, en bonne santé, apaisés, en paix»).

- Je conclus progressivement cette méditation en explorant les sensations de mon corps à chacune des inspirations et expirations. Si une zone d'ancrage est difficile pour moi, je peux en changer librement.

- Quand je le décide, je reviens à la conscience de mon souffle le temps de 3 ou 4 respirations. Je me félicite des bénéfices précieux que je tire de cette pratique, puis j'ouvre lentement les yeux et conserve, du mieux que je puisse, cette qualité d'attention le reste de la journée.

JE FAIS LE POINT

À partir du sous-chapitre ci-dessus, répondez aux questions suivantes. L'idée, ici, est de vous aider à faire le lien entre l'intérêt des conversations profondes et des conflits positifs, et vos besoins de dirigeant:

- quel est le dernier conflit dans lequel vous auriez pu utiliser cette approche? pour quels bénéfices?

- **Quels sont vos trois vieux démons qui vous empêchent d'utiliser l'approche des conversations profondes?**
- **Quel prochain conflit ou communication difficile anticipez-vous, dans lequel vous pourriez utiliser astucieusement l'approche du conflit positif? Quel premier petit pas pourriez-vous réaliser?**

POURQUOI ÇA MARCHE

Les bénéfices insoupçonnables des émotions positives

La jeune « science de l'expérience optimale » (ou psychologie positive) cherche à comprendre en quoi les émotions positives nous rendent plus heureux et comment les développer. Barbara Fredrickson[1], de l'université de Chapel Hill, est l'une des expertes mondiales des émotions. Elle attribue plusieurs fonctions à nos émotions positives: celles-ci élargissent nos ressources intellectuelles et notre champ de conscience (renforcent notre créativité, favorisent notre capacité à changer, nous rendent plus constructifs et plus productifs, plus résilients aussi), elles développent en outre nos capacités physiques et sociales (encouragent à la générosité, à la connexion aux autres et à l'altruisme notamment). À l'origine de plusieurs recherches décisives, Fredrickson a montré qu'une pratique régulière de la méditation de l'amour bienveillant (cf. ci-dessus et sur la piste audio *via* le téléchargement) pendant 8 semaines augmentait significativement notre niveau d'émotions positives quotidiennes, par rapport à un groupe contrôle[2].

Deux décennies d'études scientifiques apportent plusieurs éclairages sur les bénéfices des émotions positives. Ressenties régulièrement, elles favoriseraient notre santé et notre longévité. La célèbre « Nun study » (étude sur les religieuses) le prouve.

---

1. Tanya Vacharkulksemsuk, Leslie E. Sekerka, Barbara L. Fredrickson, "Establishing a Positive Emotional Climate to Create 21st-Century Organizational Change", *op. cit.*
2. Sonja Lyubomirsky, Ed Diener, "Does Happiness Lead to Success?", *Psychological Bulletin*, volume 131, 2005.

Les chercheurs ont épluché les récits autobiographiques de 180 jeunes filles quand elles avaient 22 ans et s'apprêtaient à entrer dans les ordres. Conclusion sans appel : les religieuses se déclarant les plus heureuses dans leurs lettres (mentionnant les mots « heureuse », « joie »…) ont vécu plus longtemps et en meilleure santé que les autres. M. Seligman et Ed Diener ont étudié 222 étudiants américains en 2002. Ils ont constaté que les 10 % les plus heureux (d'après l'échelle de mesure du bien-être subjectif – *subjective well-being*) avaient une vie sociale plus riche et épanouissante (des amis, un(e) amoureux (se)).

La question qui peut intéresser encore plus les dirigeants pourrait se formuler ainsi : le bonheur des salariés conduit-il au succès professionnel et à la performance ? En 2005, Sonja Lyubomirsky et Ed Diener ont mené une métaanalyse portant sur 225 études et 275 000 personnes. Leurs conclusions montrent que les affects positifs (comme la confiance, l'optimisme, les comportements prosociaux, le sentiment d'efficacité personnelle…) favorisent le succès : les employés heureux ont une productivité 31 % supérieure aux autres, une créativité trois fois supérieure à celle des autres. Deux facteurs expliquent en particulier le succès des gens heureux : les émotions positives incitent à s'ouvrir plutôt que d'éviter les autres, et préparent l'individu à rechercher et à entreprendre de nouveaux objectifs.

Sonja Lyubomirsky est à l'origine de la formule magique « 50-10-40 », très souvent reprise, mais malheureusement déformée. Expliquons-la. Environ 50 % de notre capacité de bonheur seraient innés et viendraient génétiquement de nos parents biologiques ; entre 5 et 15 % dépendraient des circonstances de la vie (emploi, rencontres, événements heureux ou malheureux, maladies ou bonne santé…) ; enfin, 40 % résideraient dans des variables que l'on contrôle comme notre comportement quotidien et nos rapports à l'argent, à la beauté, aux autres, à l'avenir, à la religion. Le matérialisme empêcherait ainsi le bonheur authentique, alors que la richesse de la vie sociale le favoriserait.

L'un des mécanismes impliqués dans le mieux-être social est lié au fait que les émotions positives génèrent une plus grande vitalité. D'autre part, le bien-être mental influence la représentation que l'on a de soi et d'autrui, ce qui a aussi pour effet d'améliorer les relations par le biais d'une plus grande confiance en les autres, d'une moindre hostilité[1] et d'une tendance à communiquer davantage[2]. Comme l'ont montré les travaux sur le lien entre bien-être et implication dans les associations à but social, éducatif ou de santé[3], donner de son temps pour venir en aide à d'autres et réaliser des actions en lien avec ses valeurs personnelles augmente en retour le bien-être (augmentation des affects positifs, de la satisfaction par rapport à la vie et amélioration de la santé physique). Ce qui entraînerait une sorte de spirale ascendante vers le mieux-être[4].

Les émotions positives élargissent notre champ d'attention. Au contact des émotions négatives, le cerveau est en danger et se focalise sur les détails, c'est notre cerveau reptilien, le plus primaire, qui garde la mémoire du danger et des échecs. On est donc moins entraîné à reconnaître et savourer le bonheur. Mais la bonne nouvelle (décidément), c'est la neuroplasticité de notre cerveau, nous pouvons le reprogrammer : « *Train your brain* », affirment les Américains. Ces émotions positives régulières au travail entraînent une plus grande performance. Ainsi, une étude auprès de 272 employés a mesuré leur quantité d'émotions positives et a suivi leur performance sur 18 mois : les gens plus heureux ont obtenu de meilleures évaluations par leur manager.

CES ENTREPRISES ET CES LEADERS QUI SAVENT TISSER DU LIEN

« *On ne naît pas leader, on le devient. Notamment en cultivant le goût des autres. Pour diriger, vous devez aimer les gens, sinon vous êtes inapte. La relation est essentielle. Vos réalisations, on les oubliera.*

---

1. Cowan, Neighbors, DeLaMoreaux, Behnke, 1998.
2. Cunningham, 1988.
3. Krueger, Hicks, McGue, 2001 ; Thoits & Hewitt, 2001.
4. *Revue québécoise de psychologie*, p. 167, 2014.

Vos relations, elles, sont immortelles[1] », affirme l'ex-patron d'Atos, Bernard Bourigeaud. Le cofondateur des Chateauform', Jacques Horovitz, a, dès l'origine, décidé de manager par les valeurs, et non par les règles. Parmi elles, l'« amour du client » qui, seul, évalue les collaborateurs. Autre valeur, l'« esprit de famille » qui se traduit par un recrutement coopté, basé surtout sur les valeurs du candidat et accompagné d'une intégration de 6 semaines.

Chez KPMG, les comportements vertueux, comme le fait d'accepter, pour un cadre dirigeant, une baisse de 20 % de son salaire afin de préserver la santé de l'entreprise pendant la crise, expliquent pourquoi ce cabinet d'audit est régulièrement cité parmi les entreprises où il fait bon travailler. Autre exemple, les ouvriers des usines Fiat au Brésil affichent tous les matins leur humeur, au moment de leur prise de poste : vert, si tout va bien ; orange, s'ils sont moyennement motivés et rouge s'ils ont un problème. Les salariés qui se déclarent en rouge sont reçus par leur manager et un spécialiste RH. Pratique intéressante puisque, ici, le bien-être (ou le mal-être) s'affiche aux yeux de tous, et que la responsabilité de déclarer son mal-être relève du salarié et non de son manager. Prenez également le phénomène des espaces de *coworking* que les entreprises commencent à mettre en place. Une nouvelle recherche[2] révèle qu'ils pourraient rendre les gens plus heureux et plus productifs. Ainsi, « *les personnes qui fréquentent des espaces de* coworking *obtiennent un score de près de 6 en moyenne, sur une échelle de 7 points qui mesure l'épanouissement* ». Trois raisons expliquent pourquoi les gens se sentent si bien dans ces espaces :

1. Absence de compétition. Les gens qui utilisent des espaces de *coworking* sont plus susceptibles que les autres de trouver leur travail utile, non seulement en raison du travail lui-même, mais aussi du fait de l'absence de compétition et de politique interne, de la possibilité d'utiliser leurs compétences pour aider les autres.

2. Contrôle de sa vie. Les personnes qui fréquentent un espace de *coworking* ont un meilleur contrôle sur les horaires et le lieu

---

1. *Les Échos*, 11 janvier 2016.
2. *Harvard Business Review*, février-mars 2016.

où ils travaillent, tout en disposant d'un cadre plus structuré et en étant plus motivés que chez eux.

3. Fort sentiment de communauté. Les travailleurs adeptes des espaces de *coworking* font montre d'un fort sentiment de communauté, qui n'est cependant pas obligatoire et ne semble pas artificiel.

Enfin, si vous doutiez encore des bienfaits des émotions positives au travail, sachez que les collaborateurs les plus engagés performent en moyenne 20 % de plus que les moins engagés.

FAITES PLACE AUX ÉMOTIONS POSITIVES... AU TRAVAIL !

Et si vous évaluiez la fréquence à laquelle vous ressentez des émotions ?

Sur le mois qui vient de s'écouler, évaluez la fréquence à laquelle vous avez pu ressentir chacune des émotions suivantes. Utilisez l'échelle ci-dessous. Cette échelle mesure la fréquence de ressenti des émotions positives et négatives de base. L'indice se calcule en soustrayant les scores de fréquence des affects négatifs à ceux des affects positifs. Il est compris entre - 24 et + 24. L'échelle appelée *the Positive and Negative Affect Schedule* a été développée par le département de psychologie de l'université de l'Iowa, aux États-Unis.

Plusieurs fois par jour : **6 points**
Une fois par jour : **5 points**
Plusieurs fois par semaine : **4 points**
Une fois par semaine : **3 points**
Plusieurs fois par mois : **2 points**
Une fois par mois : **1 point**
Jamais : **0 point**

Affection	+
Joie	+
Satisfaction	+
Fierté	+
Colère	-
Tristesse	-
Peur	-
Culpabilité	-
Mon indice	=

Si votre indice tourne autour de 6, vous êtes dans la moyenne française. S'il est en dessous, réfléchissez à l'idée d'augmenter vos émotions positives.

Les exemples ci-dessus montrent qu'un dirigeant peut décider de mettre en place un cadre de travail positif. Cela signifie diriger une organisation pour qu'elle bénéficie à toutes les parties prenantes : collaborateurs ou travailleurs indépendants, actionnaires, mais aussi clients, fournisseurs, institutions, société au sens large. En démarrant par la recherche de l'épanouissement des collaborateurs. Oui, une organisation reflète l'état des relations entre ses membres et non leurs choix individuels, pour le meilleur et pour le pire. Apprendre à repérer nos points communs peut nous aider à gagner en empathie et créer ainsi des liens positifs.

J'OPÈRE MA TRANSFORMATION

GAGNER EN EMPATHIE : REGARDONS NOS POINTS COMMUNS (10 minutes par jour pendant 15 jours)

Objectif : pour résoudre un conflit ou approfondir une relation, il est utile de considérer les ressemblances ou les points qui nous rapprochent.

En pratique

1. Identifiez une personne de votre équipe de direction avec laquelle vous êtes en conflit ou avez du mal à communiquer. Décrivez en quelques mots la nature de la difficulté.

2. Cherchez les points communs, les ressemblances entre vous (sans forcément les connaître, en les devinant) :

- quels sont ses objectifs possibles dans la vie ?
- Quels sont ses sources possibles de joie, ses espoirs et ses rêves ?
- Quels sont ses défis possibles à relever ?
- Comment vous sentez-vous à l'évocation de vos points communs ?

3. Identifiez à présent ses zones de vulnérabilité, d'insécurité, d'inquiétude. Exemples :

Le besoin excessif de contrôler les choses.
La quête de perfection.
La peur de ne pas se sentir suffisamment à la hauteur et apprécié.
L'autocritique.
Le besoin de reconnaissance, d'approbation, de réassurance.
La peur de l'échec, du jugement d'autrui.
Des attentes de soi ou des autres exagérément élevées.
Le sentiment d'insécurité.
La peur de décevoir.
Le besoin de connaître l'avenir, de maîtriser notre destin.
L'anxiété sociale.
La peur de mourir...

- **Quelles sont ses possibles zones de faille, où il/elle se sent vulnérable ?**
- **Quelles sont ses sources d'insécurité et d'inquiétude possibles ?**
- **Comment vous sentez-vous à l'évocation de ses points de faille ?**

4. Quelles sont les ressources pour développer une relation plus constructive ?

- **À partir des éléments de réponse ci-dessus, comment pourriez-vous faire pour renforcer votre relation ou résoudre plus facilement un conflit avec cette personne ?**

La recherche conduite par les organisateurs du forum économique mondial de Davos en 2016 sur les compétences clés du dirigeant en 2020 (évoquée au chapitre 2 « Rester présent ») montre qu'intelligence émotionnelle et flexibilité cognitive seront incontournables dans la panoplie du dirigeant. Savoir utiliser ses émotions en conscience, adapter son comportement et ses pensées selon les situations et faire preuve d'ouverture sera plus que jamais nécessaire dans un écosystème de demain éminemment plus complexe et hyperconnecté.

Nous voilà au terme d'une étape importante de votre « voyage intérieur » : savoir tisser et entretenir des liens. Faites le point avant de reprendre votre chemin de transformation vers le Leader positif.

JE FAIS LE POINT

À partir du chapitre ci-dessus, répondez aux questions suivantes. L'idée, ici, est de vous aider à faire le lien entre l'élaboration des connexions émotionnelles constructives et vos besoins de dirigeant :

- quelle idée, pratique ou connaissance scientifique vous a le plus marqué ? Comment a-t-elle influé sur l'impact et le sens de vos actes et paroles en tant que leader ?
- Comment pourriez-vous élargir votre répertoire pour construire et entretenir des relations de haute qualité avec votre entourage ?
- Comment pourriez-vous engager votre équipe de direction vers ces relations de haute qualité ?
- Que pouvez-vous décider afin d'encourager les collaborateurs à cocréer un environnement de travail plus épanouissant, où règnent les relations positives ?

CHAPITRE 6

OSER LA BONTÉ POUR DIRIGER AUSSI AVEC LE CŒUR

Pourquoi devrait-on vous remercier pour votre travail? Et pourquoi devriez-vous remercier vos collaborateurs de faire ce pour quoi ils sont payés? Avouez que ce sont aussi des questions que vous pourriez vous poser. Selon un sondage de la Fondation John Templeton, les gens sont moins enclins à exprimer leur gratitude au travail que nulle part ailleurs. Pourtant, 83 % estiment que les dirigeants reconnaissants sont plus susceptibles de réussir, et seulement 18 % pensent qu'ils font preuve de faiblesse. La plupart des répondants affirment qu'entendre « merci » au travail leur procure bien-être et motivation. À l'heure où il devient si compliqué de réussir à fédérer et à « embarquer » ses collaborateurs dans un projet d'entreprise, il n'y a rien de faible ou de naïf pour un leader à diriger, aussi, avec le cœur. Au contraire !

TOUTE MA GRATITUDE

Savoir dire « merci »

Ce monde du travail n'a jamais eu autant besoin de reconnaissance. Et cette reconnaissance doit d'abord venir du dirigeant. Elle est un des moteurs clés de l'engagement autant qu'un besoin social fondamental, essentiel pour préserver et construire l'identité des individus, donner un sens à leur travail, favoriser leur développement et contribuer à leur santé et leur bien-être.

Beaucoup d'entreprises pensent encore que la reconnaissance doit être essentiellement matérielle (reconnaître les résultats), sous la forme d'augmentations de salaire, primes, évolution de poste, changement de statut. Elles oublient que les personnes ont aussi besoin d'être reconnues pour ce qu'elles sont, indépendamment de leurs résultats. Il s'agit alors de reconnaître l'investissement (les efforts, l'engagement, la prise de risque) et la pratique (les compétences mobilisées, les responsabilités prises, la qualité de relation à autrui, les comportements illustrant les valeurs de l'organisation). Enfin, reconnaître la personne singulière en tant que telle est essentiel. C'est la reconnaissance identitaire de la personne, pour ce qu'elle est fondamentalement. Elle peut prendre la forme de marques de respect (saluer, consulter, informer, prêter attention, remercier, prendre soin de...). Mesdames et Messieurs les dirigeants et DRH, si vos baromètres internes vous révèlent un « manque de reconnaissance » dans votre organisation, demandez-vous comment vous pourriez systématiser, diversifier, valoriser et mesurer la reconnaissance.

Parmi les nouvelles formes puissantes de reconnaissance au travail, issues des recherches en psychologie positive, la gratitude a plus que jamais sa place au bureau. D'ailleurs, Frédéric Mazzella, le fondateur de BlaBlaCar, croit à *« la règle des trois mercis pour une suggestion d'amélioration »*. Robert Emmons, professeur en psychologie à l'université de Californie et expert mondial du sujet, définit la gratitude comme *« un état d'esprit ou un sentiment de reconnaissance envers quelqu'un dont on a reçu un bienfait (ou un service) entraînant des émotions positives plus régulières, mais aussi parfois négatives (comme la notion de dette ou de culpabilité) »*. Vous pensez être peu disposé à faire preuve de gratitude ? Regardons de plus près.

Évaluez votre disposition à la gratitude au travail : remplissez de 1 à 7 selon que vous êtes « pas du tout d'accord » ou « tout à fait d'accord » avec les affirmations suivantes :

Pas du tout d'accord						Tout à fait d'accord
1	2	3	4	5	6	7

1. Je me suis rendu compte qu'il y a beaucoup de choses pour lesquelles je suis reconnaissant(e).
2. Si je faisais la liste de toutes les choses pour lesquelles j'ai été reconnaissant(e) la semaine passée, elle serait très longue.
3. Quand je réfléchis, je ne trouve pas grand-chose envers quoi être reconnaissant(e).
4. Je suis reconnaissant(e) envers de nombreuses personnes actuellement.
5. La semaine dernière, j'ai fait plus attention aux personnes, aux événements et aux situations qui font partie de mon histoire.
6. Ces derniers temps, il peut se passer de longues périodes avant que je ne me sente reconnaissant(e) envers quelqu'un ou quelque chose.

Pour calculer votre indice de disposition à la gratitude, additionnez les scores, sauf pour les questions 3 et 6 (soustraire ces scores de 8 et additionnez les résultats aux autres); 42 est un maximum. En dessous de 20, les lignes qui vont suivre vont vous aider à développer votre capacité de gratitude.

Un lien étroit entre gratitude, bien-être et performance

Pour certains chercheurs, la gratitude est si intégrante au bonheur qu'elle en devient synonyme car elle :

- facilite et amplifie la remémoration des souvenirs agréables : en appréciant les bienfaits reçus, l'on apprend à tirer des circonstances le maximum de satisfaction et de plaisir ;

- renforce l'estime de soi : en percevant tout ce que les autres font pour nous et tout ce que nous accomplissons, on se sent plus fort et plus performant ;

- nourrit les liens existants et aide à en développer de nouveaux : un sentiment de proximité à l'égard des autres, de ressources sociales disponibles en cas de besoin ;

- permet de combattre notre faculté d'adaptation hédonique (phénomène d'habituation aux événements heureux) ;
- rend plus humble face à la générosité reçue et incite à s'améliorer ;
- dans une vision élargie, la gratitude aide à accepter l'interdépendance des êtres humains. Elle implique une prise de conscience des forces et des valeurs des autres.

Les preuves scientifiques sur les bienfaits de la gratitude sont nombreuses. Elles montrent que la pratique de la gratitude accroît le bien-être subjectif et la performance. Ainsi, Robert Emmons et Michael McCullough (2003) ont observé chez les personnes faisant preuve de reconnaissance une hausse de leur satisfaction d'exister de 25 % *versus* les personnes moins reconnaissantes. Mais également une baisse des symptômes physiques communs (maux de tête ou de ventre). Lyubomirsky (2008) observe, quant à elle, une hausse des émotions positives, un plus grand soutien social perçu et une disposition à la coopération chez les sujets faisant preuve de gratitude. Fredrickson avance que les émotions positives entraînent un élargissement de notre champ attentionnel, qui entraîne une augmentation de nos capacités à résoudre des problèmes. Notre Institut français du leadership positif a mené en 2014, avec l'équipe du professeur Sonja Lyubomirsky (du Positive Psychology Laboratory en Californie), auprès de 220 personnes en France, une recherche pionnière sur l'impact de la gratitude sur le lieu de travail. Nous avons constaté une augmentation significative des sentiments d'*empowerment* et d'appartenance, et du niveau de performance déclaré, significativement supérieure dans le groupe d'expérimentation par rapport au groupe de contrôle. Les personnes ayant exprimé leur gratitude au bureau ont vu une augmentation de leur niveau de bien-être perçu et une diminution de leurs symptômes physiques (maux de dos, insomnie, fatigue constante, douleurs au ventre…). Les résultats de la recherche sont prometteurs. Voyons à présent comment vous pouvez augmenter votre gratitude en tant que dirigeant.

J'OPÈRE MA TRANSFORMATION

JE DÉVELOPPE MA GRATITUDE
(15 minutes par jour, au moins une fois par semaine pendant au moins 2 semaines)

Objectif: vous entraîner à ressentir et à exprimer votre gratitude en vous adressant directement à un interlocuteur qui a fait quelque chose de marquant pour vous.

En pratique

1. Repérez et écrivez régulièrement, pendant la semaine, 3 à 5 bienfaits ou services reçus pour lesquels vous auriez envie d'exprimer votre gratitude. Soyez aussi précis(e) que possible. Privilégiez les détails sur une personne ou une chose particulière pour laquelle vous êtes reconnaissant(e), plutôt que de faire une liste superficielle de beaucoup de choses. Soyez reconnaissant(e) pour les résultats négatifs que vous avez évités, ou pour ceux que vous avez transformés en quelque chose de positif. Essayez de noter les événements qui étaient inattendus (ils suscitent souvent des niveaux forts de gratitude). Exemples de sources de gratitude: une réunion constructive de mon équipe de direction, le soutien d'un de mes collaborateurs directs ou d'un administrateur dans une période très compliquée, une attention particulière de mon assistante…

- J'éprouve de la gratitude pour: ....
  Parce que j'ai reçu de sa part le bienfait ou le service suivant:

  ....

- J'éprouve de la gratitude pour: ....
  Parce que j'ai reçu de sa part le bienfait ou le service suivant:

  ....

- J'éprouve de la gratitude pour: ....
  Parce que j'ai reçu de sa part le bienfait ou le service suivant:

  ....

2. Ensuite, je vais exprimer cette reconnaissance à la personne concernée. Je peux soit rédiger une lettre, soit lui faire une visite de gratitude.

- Lettre de gratitude: sur une feuille ou par e-mail, j'évoque le détail de ce qu'il/elle a fait et l'impact que cela a eu sur moi. Je prends mon temps pour écrire cette lettre (au minimum 15 minutes), pour peser chacun de mes mots. Écrivez comme si vous vous adressiez directement à cette personne («Cher(e)...»). Décrivez, en termes précis, ce que cette personne a fait, pourquoi vous êtes reconnaissant(e) envers elle, et comment son comportement a affecté votre vie au bureau ou en dehors. Essayez d'être aussi concret(e) que possible. Décrivez ce que vous faites depuis ce service ou ce bienfait reçu. Tâchez d'écrire environ 300 mots.

  Puis relisez la lettre, si possible à voix haute. Vous pouvez décider d'envoyer ou non cette lettre. Le simple fait d'écrire une lettre de remerciement, sans même l'envoyer ou la remettre, suffit à augmenter notre niveau de bien-être. En lisant la lettre, je note ce que je ressens. Exemples: «La remémoration de souvenirs positifs "réchauffe" ma poitrine», «Je me sens "transporté(e)"», «Je sens le désir d'être une meilleure personne et d'aider les autres», «Je me sens plus humble».

- Si cela est possible, nous vous incitons à effectuer «une visite de gratitude». Ainsi, je décide d'aller lire ma lettre à l'interlocuteur concerné (réserver au moins 30 minutes pour la visite). Planifiez cette visite avec la personne. Dites-lui que vous souhaitez la voir et que vous avez quelque chose de spécial à partager, mais ne révélez pas l'objet précis de votre visite. Lorsque vous vous rencontrez, dites-lui que vous lui êtes reconnaissant(e) et que vous souhaitez lui lire une lettre exprimant votre gratitude; demandez-lui de ne pas vous interrompre avant que vous ayez terminé. Prenez votre temps pour lire la lettre. Pendant que vous lisez, faites attention à sa réaction ainsi qu'à la vôtre. Après avoir lu la lettre, soyez réceptif (ve) à sa réaction et aux effets sur vous. Discutez ensemble de vos sentiments. Souvenez-vous de remettre la lettre à la personne lorsque vous la quittez.

- **Si la distance physique vous empêche de faire une visite, vous pouvez choisir d'organiser une conversation téléphonique ou un chat vidéo.**

Il est essentiel de distinguer l'identification du bienfait reçu de l'expression de sa reconnaissance. Les deux étapes comptent pour ressentir les bienfaits de la gratitude. Faites l'exercice au moins une fois par semaine pendant au moins 2 semaines (les recherches suggèrent qu'écrire son journal de gratitude trois fois par semaine a plus d'impact sur votre bonheur qu'écrire tous les jours) et notez l'impact sur vous et sur vos interlocuteurs. Attendez-vous à être agréablement surpris!

Exprimer sa gratitude marque une forme de respect. Or, cette vertu a tendance à laisser place à l'incivilité et à l'irrespect dans les organisations. Avec des conséquences très graves. En 2011, selon Christine Pearson, qui a mené une recherche auprès de 14 000 personnes en Amérique du nord, la moitié des employés estimaient être traités de manière brutale au moins une fois par semaine, contre 25 % en 1998. En outre, 48 % ont délibérément diminué leurs efforts au travail, 66 % ont déclaré que leurs performances avaient diminué, 78 % que leur engagement dans l'entreprise avait baissé, et 25 % ont avoué avoir reporté leur mécontentement sur les clients! C'est à vous, leaders, de veiller au respect mutuel autour de vous. Vous pouvez développer une culture du respect et obtenir le meilleur de vos collaborateurs en leur exprimant notamment votre gratitude. Les remarques personnelles sont particulièrement efficaces, surtout si elles soulignent un rôle exemplaire, un savoir-vivre et un respect des valeurs de l'entreprise. Ancien P.-D.G. des soupes Campbell, Doug Conant est conscient du pouvoir de la reconnaissance personnelle. Durant son mandat de P.-D.G., il a envoyé à ses salariés plus de 3 000 messages de remerciement écrits à la main. John Replogle, P.-D.G. de Burt's Bees, envoyait, quant à lui, chaque jour un e-mail exprimant sa gratitude à un membre de son équipe pour son travail dans le cadre du déploiement de l'entreprise à l'international, encourageant ainsi le leadership positif dans une phase de profonde transformation.

Soyez créatif dans l'expression de la gratitude

Bâtir une culture de reconnaissance au travail n'est pas simple, mais la science nous assure que ça en vaut la peine. Voici quelques conseils, validés scientifiquement, pour favoriser la reconnaissance au travail :

- **commencez par vous, le patron** ! Les employés ont d'abord besoin d'entendre « merci » de leur patron de manière authentique et non manipulatrice, à la fois en privé et en public. Profitez des rituels (embauche, départ, promotion, entretien annuel…) pour exprimer vos remerciements pour les qualités et contributions des personnes. Quand vous serrez une main, maintenez la pression quelques instants (au moins 6 secondes, disent les scientifiques !), votre taux d'ocytocine et celui de votre collaborateur augmenteront, renforçant ainsi votre confiance mutuelle.

- **Dites « merci » à ceux qui ne sont jamais remerciés.** Chaque organisation dispose d'une catégorie d'employés qui monopolise toute la gloire. Dans les hôpitaux, ce sont les médecins ; dans les universités, les chercheurs et professeurs ; dans les entreprises, ce sont souvent les financiers, les commerciaux ou les marketeurs, rarement les fonctions « support » ou la *supply chain*. Remerciez ceux qui font un travail ingrat, rendez leur contribution visible dans un monde qui rend souvent le travail invisible.

- **Distribuez, et demandez** à vos cadres dirigeants de faire de même, une fois par semaine trois cartes de gratitude, en exprimant quelques mots de reconnaissance à trois personnes de votre entourage.

- **Démarrez** chacune de vos réunions en demandant aux participants de partager une chose de la semaine écoulée pour laquelle ils éprouvent de la reconnaissance (commencez par vous).

- **Visez la qualité, pas la quantité.** Forcer les gens à être reconnaissants ne fonctionne pas. La clé est de créer des temps et des espaces qui favorisent l'expression spontanée, volontaire et authentique de la gratitude. Attention : trop de gratitude abîme la gratitude. Soyez précis sur les bienfaits, l'action ou la chose reçus d'une personne. Ils lui prouvent que vous êtes attentif.

- **Trouvez de nombreuses opportunités d'exprimer votre reconnaissance.** Plus les gens sont remerciés pour leur travail, plus ils sont susceptibles de changer leur comportement et d'aider les autres. Mais tout le monde n'aime pas être remercié ou dire « merci », surtout en public, par timidité ou modestie. Dans ce cas, faire un don, un cadeau non monétaire peut être un bon moyen d'exprimer sa gratitude : prêter sa place de stationnement, donner un de ses jours de congé de manière sincère et altruiste, soulager quelqu'un dans sa charge de travail.

- **Après une crise, prenez le temps de remercier.** Entretenir une culture de la reconnaissance aide à mieux appréhender les contraintes du changement, les conflits et l'échec. Faire de la gratitude une valeur aide à « *construire une sorte de système immunitaire psychologique qui nous protège quand nous tombons* », dit Robert Emmons. La gratitude aide les employés à voir au-delà d'une difficulté et à transformer un obstacle en opportunité. Invitez-les à se poser les questions suivantes :

  - quelles leçons ai-je tirées de l'expérience ?

  - Quelle capacité ai-je tirée de l'expérience et qui m'a le plus surpris ?

  - En quoi cette expérience nous donne-t-elle l'opportunité de rendre notre organisation meilleure ?

  - En quoi cette expérience lève-t-elle un obstacle qui nous empêchait d'être plus reconnaissants ?

Parmi les moyens d'expression de cette forme de reconnaissance, nous avons été émus par de belles initiatives. Une société a ainsi proposé à ses collaborateurs de réaliser un mur de gratitude. Les volontaires étaient invités à exprimer spontanément, sur un panneau visible de tous, ce qu'ils aimaient ou appréciaient sincèrement le plus chez telle ou telle personne. Chacun a pris beaucoup de plaisir à lire les commentaires positifs sur sa personne et sur les autres. Une variante consiste à écrire sur un Post-It ou sur une plateforme collaborative, visible de tous, un « merci » envers une personne de qui elle a reçu un « cadeau » (aide, soutien, service, attention…). Une autre encore, plus originale : installer un vidéomaton® pour dire « merci » en 30 secondes. Attention à prendre soin d'expliquer la démarche avant, d'encourager son équipe à adopter la pratique, d'éviter le systématisme et, évidemment, de montrer l'exemple en tant que leader. La reconnaissance a d'autant plus de chances de se diffuser qu'elle imprègne les processus de travail comme les réunions ou les entretiens à deux. Voici l'exemple original d'une entreprise en France.

L'EXEMPLE D'UNE CHARTE DE RÉUNION APPRÉCIATIVE DANS UN LABORATOIRE PHARMACEUTIQUE

Nous avons accompagné une équipe sur le thème de la reconnaissance. L'une de ses « productions » fut l'élaboration et l'application réussie d'une charte de conduite de réunions, qui encourage la reconnaissance. Voici un extrait des règles du jeu proposées :

- dire bonjour et remercier pour la présence et la préparation des participants ;
- demander systématiquement la « météo du jour » des participants. « Comment vous sentez-vous aujourd'hui ? », avant d'attaquer l'ordre du jour ;
- prendre 5 minutes au début de la réunion pour évoquer les contributions positives de la période écoulée, expliquer ce qui a bien marché et remercier les contributeurs (de manière factuelle, authentique, à la fois les contributions quantifiables et non quantifiables). Faire applaudir pour une performance exceptionnelle ;
- valoriser et donner la parole aux femmes et aux hommes de l'« ombre », les « rameurs », les « contributeurs invisibles » qui préparent, mais ne sont jamais exposés ni valorisés ;
- évaluer systématiquement la qualité d'attention et de reconnaissance des réunions à l'aide d'une simple feuille ou, mieux, d'une application smartphone (3 ou 4 questions avec réponses anonymes sous forme de *smileys*).

Et si vous développiez encore votre propre orientation vers la reconnaissance, en tant que leader ? Voici un autre exercice qui consiste à revenir sur les événements positifs.

J'OPÈRE MA TRANSFORMATION

SOUSTRACTION MENTALE DES ÉVÉNEMENTS POSITIFS (15 minutes, une fois par semaine pendant au moins 4 semaines)

Objectif: plus nous faisons de «pauses» pour apprécier ce que nous avons, plus nous augmentons notre sentiment de gratitude à l'égard des événements positifs de notre vie. En visualisant ce qu'elle serait sans eux, en imaginant leur absence, nous serons en mesure d'apprécier plus profondément leur présence dans notre vie.

En pratique

Essayez de prendre le temps de faire cette pratique une fois par semaine pendant 15 minutes, en vous concentrant sur un événement positif différent chaque semaine.

1. Prenez un moment pour réfléchir à un événement passé, positif et important de votre vie professionnelle, par exemple une réussite, une bonne nouvelle, une promotion, une reconnaissance…

2. Repensez à l'époque de l'événement et aux circonstances qui l'ont rendu possible.

3. Examinez les façons dont cet événement aurait pu ne jamais arriver.

4. Notez tous les événements possibles et les décisions (importantes ou non) qui auraient pu empêcher cet événement de se produire.

5. Imaginez ce que serait votre situation actuelle si vous n'aviez pas apprécié cet événement positif et toutes les conséquences qui en ont découlé.

6. Réfléchissez aux avantages qu'il vous a apportés. Maintenant que vous avez vu comment les choses auraient pu tourner différemment, savourez la chance que vous avez eue!

Gratifiant oui, mais à doser. Gardez à l'esprit les cinq limites de l'expression de sa gratitude au bureau :

- évitez la surdose de reconnaissance. Dans une recherche sur la tenue d'un journal de gratitude, les personnes qui l'exprimaient une seule fois par semaine se déclaraient plus heureuses après 6 semaines que celles qui l'exprimaient trois fois par semaine. Donc, privilégiez la qualité à la quantité ;
- évitez d'éprouver de la reconnaissance pour quelqu'un ou quelque chose qui n'en est pas digne ;
- renoncez à éprouver de la gratitude pour éviter un grave problème. Centrer votre attention sur les choses ou les personnes que vous appréciez, peut vous procurer un soulagement temporaire et artificiel si le problème est plus grave. Une émotion négative comme la colère peut être plus constructive ;
- ne minimisez pas vos propres succès en exprimant aux autres une gratitude excessive. Si une bonne chose vous arrive, vous pouvez remercier les personnes qui ont contribué à rendre cela possible. Mais sans minimiser votre propre rôle dans ce processus ;
- ne laissez pas votre gratitude vous mettre trop « en dette ». La reconnaissance est l'émotion positive que vous ressentez quand quelqu'un vous aide. Ne vous laissez pas trop « endetter » par quelqu'un qui vous a aidé avec le sentiment, parfois désagréable, de devoir « rendre » ce que vous avez reçu.

JE FAIS LE POINT

À partir du sous-chapitre ci-dessus, répondez aux questions suivantes. L'idée, ici, est de vous aider à faire le lien entre la reconnaissance/gratitude et vos besoins de dirigeant :

- **quels sont, pour vous, les trois bénéfices à exprimer sa gratitude ?**
- **Quelle idée vous faisiez-vous de la gratitude avant d'avoir lu ce texte ? Comment avez-vous évolué depuis ?**
- **Comment pouvez-vous encourager des comportements plus vertueux autour de vous ?**

- **Quelles seraient les formes que pourrait prendre la gratitude pour coller au style de leadership et à la culture de votre organisation ?**

AUTOCOMPASSION ET RÉSILIENCE

> *« Si vous ne vous incluez pas dans votre compassion,*
> *celle-ci est incomplète. »*
>
> Jack Kornfield

Et si vous ressentiez de la compassion aussi pour vous ?

À votre avis, la compassion a-t-elle sa place dans l'entreprise ? Si oui, est-elle compatible avec la posture de dirigeant ? Beaucoup d'entre vous répondent par la négative, tant la notion de compassion est connotée (langage du cœur ou sentiment humaniste, voire religieux, qui n'a pas sa place dans l'entreprise).

Or, la compassion, ce sentiment de sympathie envers les maux d'autrui (du latin « *compassio* », « souffrir ensemble »), a toute sa place dans l'entreprise du XXIe siècle. Elle favorise le dépassement de soi et la fidélité parce que l'on sait que les autres prennent soin de nous avec une intention saine. Le leadership par la compassion déclenche l'engagement, le lien prosocial (je sais que je peux compter sur mon manager ou mon collègue en cas de besoin). Il inspire confiance en l'autre et génère, *in fine*, plus de performance. Une recherche de 2008 montre d'ailleurs que les employés qui pensent avoir un manager incompétent et insensible aux autres ont 60 % de risques supplémentaires de faire un arrêt cardiaque lié au stress déclenché.

Êtes-vous dur avec vous-même en tant que leader ? La question peut surprendre, car bon nombre de dirigeants se sentent obligés de porter l'armure du héros insensible aux émotions des autres, dur au mal et dénué de compassion envers lui-même. Notre conviction profonde nous amène à avancer que leadership et sentiment de compassion sont étroitement liés. Ressentir de la compassion pour soi-même, au lieu d'une autocritique ou d'un jugement négatifs, permet de diminuer la nature et l'impact des émotions désagréables. Un des moyens de cultiver notre autocompassion consiste à méditer régulièrement. La recherche menée par Richard Davidson auprès de moines bouddhistes (dont Matthieu Ricard) a révélé que, par la pratique méditative régulière, ces moines parvenaient à transformer les zones du cerveau en lien avec les émotions positives et développaient plus de compassion.

Voici un exemple de méditation accessible aux dirigeants.

J'OPÈRE MA TRANSFORMATION

FAIRE PREUVE DE COMPASSION ENVERS SOI-MÊME (2 à 5 minutes)

En pratique

- Je choisis un endroit calme, où je ne serai pas dérangé(e), mon portable est coupé. Assis(e) de préférence, j'ôte mes chaussures et pose les deux pieds à plat au sol, de manière à me sentir ancré(e), le dos décollé du siège (si possible), les mains à plat sur les cuisses. Je ferme les yeux.

- À présent, je prends le temps de porter mon attention à mon souffle : au niveau du diaphragme ou de l'abdomen. Je prends conscience simplement de mon souffle sans chercher à le contrôler. J'observe chaque inspiration, chaque expiration, unique, dans toute leur longueur.

- Puis je dirige mon attention vers une expérience douloureuse. J'éprouve une sincère compassion envers moi-même. Je reconnais que mes émotions désagréables sont la cause de ma souffrance. J'accueille ma douleur avec bienveillance. Je diffuse de la chaleur en moi. Puissé-je me libérer de ma souffrance, être en paix avec moi-même. Je reconnais que mes émotions désagréables, ma douleur font partie de la condition humaine universelle. À chaque inspiration, je visualise mon corps se remplir de contentement, de bonté, d'apaisement, d'énergie.

- **Progressivement, je laisse ces sensations et ces émotions m'imprégner et s'ancrer profondément en moi.**
- **Quand je le décide, je reviens à la conscience de mon souffle le temps de 3 ou 4 respirations. Je me félicite des bénéfices précieux que je tire de cette pratique, puis j'ouvre lentement les yeux et conserve, du mieux que je puisse, cette qualité d'attention le reste de la journée.**

Ce qu'autocompassion veut dire

Le docteur Kristin Neff, de l'université du Texas, experte mondiale du sujet, définit l'autocompassion comme «*la capacité d'accueillir sa propre souffrance avec chaleur, ouverture et intérêt*». L'estime de soi est une notion différente : elle fait référence à la valorisation de soi. Bien qu'elle soit essentielle dans notre équilibre, l'estime de soi excessive peut mener à des travers comme le narcissisme, les réactions agressives pour défendre son ego, des biais dans la conscience de soi et dans nos perceptions, la tendance à accorder trop de place à la comparaison sociale. Alors que l'estime de soi se nourrit de circonstances extérieures et d'autoévaluation, l'autocompassion est neutre et toujours disponible ; elle permet de développer une plus grande résilience émotionnelle, une attention plus grande au soin de soi et des autres, une meilleure acuité de nos expériences, donc une capacité à mieux répondre, plutôt que de réagir aux charges de stress. La compassion est cousine de la bienveillance, qui vise à apporter le bien et le bonheur aux autres. Elle fait naître un sentiment puissant de bienveillance inconditionnelle envers soi.

Voyez si vous pouvez développer au moins l'un des trois piliers de l'autocompassion ci-dessous.

LES TROIS PILIERS DE L'AUTOCOMPASSION

Être bon et compréhensif envers soi dans les moments d'échec et de douleur, plutôt que de se juger et de se critiquer négativement.	Percevoir sa propre souffrance et son échec personnel comme faisant partie d'une expérience humaine plus large et partagée, plutôt que comme une expérience isolée.	Rester ancré dans l'instant présent de l'expérience difficile, sans chercher à se projeter.

La compassion envers soi aide donc à devenir plus résilient. Ah, la résilience ! Une belle propriété psychologique que beaucoup de dirigeants rêvent de développer et qui leur permet de se « relever » indemnes (voire plus forts) après un échec ou une épreuve majeurs. Les chercheurs démontrent que les individus très résilients mobilisent leurs émotions positives plus facilement et plus régulièrement que les personnes moins résilientes. La compassion est l'une des clés précieuses pour cultiver notre résilience.

Sachez-le, chacun peut s'entraîner à la compassion. Une recherche, menée par G. T. Jinpa en 2013, a montré, à travers un échantillon de 100 adultes, qu'un programme d'entraînement à la compassion pendant 9 semaines (Compassion Cultivating Training – CCT) pouvait augmenter notre capacité de compassion pour autrui, mais aussi notre disposition à recevoir celle des autres, ainsi que notre autocompassion. Kristin Neff, Kristin L. Kirkpatrick, Stephanie S. Rude (2007) ont prouvé qu'une pratique de l'autocompassion était étroitement corrélée avec une santé mentale renforcée, plus d'optimisme, un sentiment de bien-être, ainsi que plus de curiosité, d'initiative et de conscience. Enfin, une étude de 2010 (Cosley, McCoy et Saslow) suggère qu'éprouver de la compassion pour autrui peut nous aider à nous protéger du stress : notre pression sanguine, notre rythme cardiaque et notre taux de cortisol (hormone du stress) diminueraient.

Autocompassion, mode d'emploi

Peut-être vous dites-vous encore : « L'autocompassion n'a pas sa place dans mon entreprise. Nous ne sommes pas une organisation philanthropique ou humanitaire ! » Peut-être. Mais si vous vous autorisiez, ne serait-ce qu'une fois, à expérimenter les bienfaits de cette pratique, qu'est-ce que cela donnerait ?

J'OPÈRE MA TRANSFORMATION

JE SUIS PLUS COMPRÉHENSIF ET TOLÉRANT ENVERS MA PROPRE SOUFFRANCE (15 minutes tous les jours, pendant 2 semaines)

Objectif: on l'a vu, l'autocompassion est ma capacité à accueillir ma propre souffrance (échec, douleur, solitude, peine, revers, charge de stress) avec chaleur, ouverture et intérêt. Ici, il s'agit de décomposer les quatre étapes suivantes pour cultiver notre sagesse intérieure.

En pratique

1. Entrer en intimité avec mes émotions: du mieux que je puisse, je porte mon attention aux sensations physiques et aux émotions associées à ma souffrance. Je reconnais, nomme et accepte ces émotions et ces sensations physiques, fussent-elles très désagréables, voire insupportables.

2. Identifier mon souhait le plus profond. Derrière chaque émotion, il y a un souhait profond ou un désir inassouvi. Essayez de trouver ce qui vous est cher et qui est ici menacé, ou d'identifier ce qui se cache comme aspiration profonde dans la situation.

- Qu'est-ce qui a beaucoup de valeur pour moi et que j'essaie de protéger dans l'épreuve que je subis?

- Ai-je besoin de réassurance, de respect, de tolérance, de reconnaissance, de me relier aux autres?

- Quelle part de moi-même, de mes rêves, de mes aspirations j'essaie de protéger?

  Par exemple: en cas de conflit avec une partie de mon comité de direction, les émotions négatives ressenties expriment peut-être un désir insatisfait d'être accepté et soutenu.

  Quelle que soit l'émotion désagréable, je dois l'honorer car elle me protège. Telle une vigie silencieuse en moi, cette émotion m'alerte et m'aide à répondre aux menaces, aux dangers; elle me met en garde, me protège, paradoxalement.

3. **Changer la fréquence de ma radio interne.** Remplacez vos monologues intérieurs d'autocritique et de jugements sévères par un dialogue avec votre réservoir de bonté. L'autocritique, parfois nécessaire, a ses limites: elle peut miner la confiance en soi et l'image de soi, peut limiter les possibles et générer des émotions désagréables. Demandez-vous si l'autocritique est efficace. Si la réponse est négative, changez pour une autre fréquence: l'autocompassion.

- Quand j'échoue dans un défi important pour moi, je remets les choses en perspective;

- je deviens plus tolérant et patient avec les aspects de ma personnalité que je n'apprécie pas;

- et si j'arrêtais de juger mes défauts, mes limites, ça donnerait quoi?

4. **Admettre l'universalité de la condition humaine.** Je reconnais que la frustration, le découragement, les déceptions, la souffrance sont des expériences que tout être humain connaît. Ces expériences sont la norme dans ce monde, elles font partie de la condition humaine universelle. Je peux me dire:

- «Untel de mon entourage a connu ou connaît la même expérience difficile.»

- «Quand je me sens traversé(e) par des émotions désagréables (peur, colère, déception…), je suis conscient que la plupart des gens les ressentent aussi.»

- «Mes défauts, mes failles font partie de la condition humaine, je ne suis qu'un parmi tant d'autres…»

JE FAIS LE POINT

À partir du sous-chapitre ci-dessus, répondez aux questions suivantes. L'idée, ici, est de vous aider à faire le lien entre l'autocompassion et vos compétences de dirigeant:

- dans quelle situation pourriez-vous utiliser davantage l'autocompassion? Donnez un exemple concret.

- Comment faites-vous le lien entre compassion et leadership?
- Quel est le premier pas possible pour cultiver la compassion envers vous-même?

S'EXCUSER POUR SES ERREURS, VOUS PLAISANTEZ?

Les excuses sincères génèrent du bien-être

Saviez-vous que présenter ses excuses, pour un dirigeant qui a commis une erreur, a un impact positif à la fois sur le bien-être psychologique et la santé émotionnelle de ses collaborateurs, mais aussi sur son propre bien-être psychologique et son capital de fierté authentique[1]? Évidemment, ces impacts positifs varient selon la nature et la gravité de l'erreur commise. D'autres études montrent que des excuses sincères de dirigeant entraînent parfois du pardon, peuvent renforcer la confiance de la part des collaborateurs ou réparer des liens distendus avec eux. À l'heure où tout est fait pour inciter le dirigeant à contourner ou transgresser les règles (pression court terme des actionnaires, hyperconcurrence sans forcément les mêmes règles du jeu pour tous…), il semble utile d'explorer le mécanisme des excuses et ses effets. Les leviers qui expliquent leurs effets sont connus: un leader qui présente ses excuses sincères pour ses erreurs ou limites génère l'image d'un comportement éthique, en ligne avec le comportement exemplaire attendu de lui, est guidé par des valeurs fortes, donc rassurantes, place les intérêts collectifs au-dessus des siens, montre enfin son humilité et réduit la distance sociale avec ses équipes, renforçant ainsi l'état de bien-être des collaborateurs.

Savez-vous dire: « J'ai eu tort »? Combien de fois l'avez-vous avoué à vos équipes? Savoir oser prononcer ces mots peut être un acte fort de management. C'est l'idée défendue par Rosabeth Moss Kanter, professeur à Harvard: *« Lorsqu'ils les disent à leurs*

---

1. Alyson Byrne, Julian Barling, Kathryne E. Dupré, *Leader Apologies and Employee and Leader Well-Being*, Springer Science + Business Media, 2013.

équipes au bon moment, [les dirigeants] construisent la confiance, peuvent corriger les erreurs et ramener le succès. » À méditer, non ?

Mais présenter ses excuses renvoie aussi à la notion de courage managérial. Le P.-D.G. de Hewlett Packard France, Gérald Karsenti, en fait même une composante essentielle du leadership : « *Le manque de courage est un critère éliminatoire pour qui aspire à être un leader. Il y a des moments où il faut se poser la question : "Est-ce que je l'accepte ou est-ce que je m'en vais ?" Le professionnel se construit autour de son système personnel et de la vision de ce qu'il veut faire de sa vie. Quand vous dirigez, il est nécessaire que les gens que vous menez se reconnaissent dans votre système et se laissent entraîner par votre vision… Au-delà du courage, le leader positif doit être authentique, être porté par une éthique irréprochable, disposer d'une intelligence émotionnelle et relationnelle, et faire preuve d'initiative et de créativité[1].* » Jim Collins, pionnier sur le sujet et auteur de *Good to Great – Why Some Companies Make the Leap… and Others Don't*[2], affirme que l'ingrédient clé qui permet à une entreprise de performer est d'avoir un leader de « niveau 5 » qui combine, paradoxalement, une véritable humilité personnelle et une intense volonté professionnelle. Et de citer l'exemple de Darwin E. Smith, CEO de Kimberly-Clark, qui a réussi à hisser son groupe au premier rang de son marché devant Scott et Procter & Gamble. Son secret ? Combiner simplicité, volonté farouche et modestie, timidité et courage. Abraham Lincoln et sa manière discrète est un autre exemple de leader humble. Ses caractéristiques ? Une humilité personnelle illustrée par une modestie convaincante, refusant l'adulation de ses troupes, agissant avec calme et détermination ; source d'inspiration et de motivation. Il regarde « dans le miroir », et non « par la fenêtre », pour expliquer la responsabilité des mauvais résultats : ne jamais blâmer les autres, les causes externes ou la malchance, mais regarder en soi. Et allouer le crédit du succès de l'entreprise à d'autres personnes, ou à des facteurs externes. Mais, en parallèle, il fait preuve d'une redoutable volonté, inébranlable, pour produire les meilleurs résultats à long terme, peu lui importe

---

1. *Les Échos*, 12 mai 2014.
2. Jim Collins, *Good to Great – Why Some Companies Make the Leap… and Others Don't*, Harper, 2001.

la difficulté. Les contre-exemples sont nombreux, bien sûr : Lee Iacocca (Ford-Chrysler) ou Jack Welch (General Electric) ont excellé grâce, notamment, à une très forte personnalité, très loin de l'humilité de ces autres patrons. Pas simple au quotidien de développer cette humilité. Et si vous cultiviez peu à peu un leadership plus incarné ? Voici une autre opportunité.

GÉNÉROSITÉ ET ENTRAIDE

La générosité est contagieuse

Y a-t-il de la place pour la générosité dans un monde de l'entreprise souvent guidé exclusivement par le profit ? L'altruisme est-il compatible avec la quête infinie de création de valeur, de richesse ? La question peut choquer. Pourtant, les recherches en psychologie positive dévoilent les bénéfices des comportements généreux, y compris en entreprise. Mais alors, que donner, lorsque l'on travaille avec d'autres personnes ? Du temps, de l'attention, de l'aide, des connaissances, de la reconnaissance… autant de dons immatériels. Un acte de générosité est un acte libre, délibéré, désintéressé envers autrui, effectué plus souvent qu'à l'ordinaire et qui intensifie le niveau de bien-être du bienfaiteur et du receveur. Ses vertus sont nombreuses : la générosité développe les liens prosociaux (donner en retour), l'estime de soi, le respect, le mieux-être. Le lieu de travail offre de nombreuses opportunités de « donner et prendre », pour reprendre le titre du livre de Norbert Alter. La générosité est, à l'origine, de la coopération, elle est contagieuse. Regardons comment la développer.

Shawn Achor a démontré que, parmi les activités favorisant l'épanouissement et la productivité, la plus efficace était d'entretenir des relations positives avec les personnes de votre réseau social qui vous soutiennent. La recherche montre que les niveaux élevés de soutien social prédisent autant la longévité que l'exercice physique régulier. À l'inverse, un faible soutien social est aussi nuisible qu'une forte pression sanguine. Dans une étude auprès de 1 648 étudiants à Harvard, menée par Tal Ben-Shahar et Shawn

Achor, le soutien social apparaissait comme le plus grand facteur prédictif du bonheur pendant les périodes de stress élevé.

La générosité et l'aide apportée peuvent prendre de nombreuses formes au travail :

- donner un coup de main quand l'autre est submergé de travail ;
- s'asseoir quelques minutes pour prendre des nouvelles d'un collègue en difficulté ;
- croiser du regard, d'un sourire ou d'un bonjour un collègue qui se trouve à moins de dix mètres.

Ainsi, l'altruisme a-t-il sa place dans nos entreprises ? Si oui, sous quelle forme ? Le Mind and Life Institute s'est intéressé à la manière dont l'altruisme affecte la prise de décision économique. L'altruisme est un comportement humain naturel et spontané qui peut être nourri (ou découragé) de diverses manières. Il est motivé, disent les chercheurs, par l'instinct de conservation et la nécessité d'apaiser notre culpabilité. À condition que le don aille à des personnes dans le besoin, et non à des profiteurs, sinon l'altruisme se désagrège. Par conséquent, l'entreprise, si elle veut encourager la générosité, doit veiller à adopter des mécanismes et des normes culturelles qui valorisent les donneurs et les comportements prosociaux, et punissent les profiteurs, sinon le système s'effondre. La question de la générosité reste donc délicate à aborder en entreprise.

Adam Grant, dans son best-seller *Donnant donnant*[1], accorde une grande valeur à la générosité en entreprise et fait du « donneur » (qui donne plus qu'il n'obtient) le profil relationnel gagnant face au « receveur » (qui obtient plus qu'il ne donne). La plupart du temps nous sommes des « échangeurs » (cherchant la réciprocité entre donner et obtenir), mais ce chercheur démontre que l'on peut à la fois être altruiste et se retrouver aux plus hauts postes. À condition d'assumer ses choix, de se donner du temps (être patient pour récolter les fruits de sa générosité), de ne pas être dupe et d'encourager, autour de soi, ce comportement gagnant.

---

1. Adam Grant, *Donnant donnant*, Pearson, 2013.

Le leader serviteur[1]

Robert K. Greenleaf est le père du concept de leader serviteur. L'intention profonde et naturelle de ce leader est d'abord de servir (« *servant first* »), ensuite de diriger, à la différence du « *leader first* ». Un leader serviteur se concentre principalement sur la croissance et le bien-être des personnes et les communautés auxquelles elles appartiennent. Bien que le leadership traditionnel implique généralement l'accumulation et l'exercice du pouvoir au « sommet de la pyramide », le leader serviteur est différent. Il place les besoins des autres en premier, et aide les gens à se développer et se réaliser le plus possible. Il se demande comment il peut être le plus utile aux autres et s'assure que leurs besoins prioritaires sont satisfaits. Greenleaf imaginait en 1970 que ce leader serviteur serait la condition d'une société meilleure, plus juste, plus épanouissante. Et a ainsi inspiré de nombreux dirigeants.

CES ENTREPRISES QUI ENCOURAGENT L'ENTRAIDE COLLABORATIVE

La société de design américaine IDEO est parmi les plus performantes de son secteur. Tim Brown, son CEO, a fait de l'entraide collaborative une norme culturelle centrale, encourageant chacun à chercher, trouver, donner et recevoir de l'aide. Dans un monde complexe, T. Brown en est convaincu, l'entraide est indispensable pour inventer de nouvelles solutions. En voici les conditions :

1. Les top managers prouvent leur conviction en apportant et en cherchant eux-mêmes de l'aide. Aider n'est donc pas une question de statut dans l'entreprise.

2. Aider et être aidé sont des comportements qui doivent être encouragés. Attention au principe de réciprocité (« Je suis en dette vis-à-vis de celui qui m'a aidé ») et au statut social (« Suis-je faible si je demande de l'aide ? »). Le niveau d'exper-

---

1. Robert K. Greenleaf, *Servant Leadership – A Journey into the Nature of Legitimate Power and Greatness*, Paulist Press, 2002.

tise n'est pas corrélé au niveau d'aide apportée. L'accessibilité et la confiance sont ici plus valorisées que la compétence seule quand on interroge les demandeurs d'aide.

3. Rendre explicite l'aide dans les rôles et processus. Tous les employés sont cités au moins une fois comme « *helper* ». Les réunions sont le lieu idéal pour encourager cette culture de l'entraide et engager les gens à chercher, trouver, donner et recevoir de l'aide.

4. Ne pas l'imposer aux gens, mais les inspirer à donner et recevoir de l'aide et devenir des « *helpers* ». Affirmer aussi que l'entraide génère de meilleurs résultats que la compétition interne. Savoir se rendre visible comme « *helper* » ou « receveur », accepter de montrer (un peu) notre vulnérabilité.

Les bénéfices ? L'entraide booste le moral et la satisfaction au travail, réduit le turnover, renforce les liens (remercier, exprimer sa gratitude) et améliore la satisfaction clients. Certaines cultures promouvant l'hypercompétition et la responsabilité individuelle découragent l'entraide. Celle-ci est d'ailleurs à l'origine de l'économie collaborative (BlaBlaCar, Airbnb, Zilok, La Ruche qui dit Oui ! les fab labs…).

JE FAIS LE POINT

À partir du sous-chapitre ci-dessus, répondez aux questions suivantes. L'idée, ici, est de vous aider à faire le lien entre générosité, entraide et vos besoins de dirigeant :

- **quelle perception ou croyance aviez-vous de l'entraide avant de lire ce texte ?**

- **Comment pourriez-vous encourager les comportements de coopération et d'entraide dans votre organisation ?**

- **Quels seraient les trois premiers obstacles à franchir pour développer la culture de l'entraide dans votre organisation ?**

- **Quelle idée, pratique ou connaissance scientifique vous a le plus marqué ? Comment a-t-elle influé sur l'impact et le sens de vos actes et paroles en tant que leader ?**

CHAPITRE 7

SE RÉGÉNÉRER POUR APPRIVOISER LE STRESS ET GÉRER SON ÉNERGIE

Saviez-vous que vous devenez un « décathlonien de la transformation » à mener, en permanence, une succession de changements plus ou moins profonds dans votre organisation ? Vos équipes et vous, êtes-vous suffisamment entraînés pour soutenir l'intensité des efforts et tenir dans la durée ? Pas sûr. Comment, alors, passer de sprinter ou sauteur à décathlonien pour enchaîner les changements comme eux enchaînent les épreuves sportives, et prévenir l'épuisement ? En adoptant certaines dimensions d'un sportif de haut niveau. Savoir comprendre et apprivoiser son stress, doser ses efforts, faire des pauses et recharger ses batteries est essentiel, pour vous et vos collaborateurs, si vous voulez garder le rythme et rester dans la course perpétuelle de la transformation. Alors, prêt à devenir un athlète de la transformation ? Et à en accepter les impératifs ? Lancez-vous !

RECHARGER SES QUATRE BATTERIES

Tête, cœur, corps, esprit

Votre énergie provient de quatre batteries indispensables, en interaction :

- la tête, symbolisant l'intellect, les ressources cognitives, le savoir, le raisonnement ;

- le cœur, symbolisant le registre émotionnel, la relation à soi et aux autres (même si les émotions sont pilotées par plusieurs zones, dont le cerveau limbique) ;

- le corps, symbolisant l'enveloppe des deux premières batteries, nos muscles, nos organes, notre squelette ;

- enfin l'esprit, comme ultime frontière de notre bien-être, symbolisant notre vie intérieure, abstraite, par opposition au corporel. Cette batterie ayant d'autant plus besoin d'être remplie en période de crise des institutions (État, école, famille, politiques, religieuses…). La méditation, la prière, la lecture, le retour à la nature, le travail manuel ou intellectuel, l'écriture, le chant, l'aide caritative… sont autant de pratiques qui peuvent assouvir notre quête spirituelle.

Ces réservoirs d'énergie doivent être régulièrement remplis pour faire face aux multiples sollicitations de l'entreprise. Tel un athlète, vous devez récupérer constamment pour tenir la distance. Et ce, concernant vos quatre batteries : le mental pour garder une bonne concentration, la mémorisation, l'attention, la conscience, la vivacité d'esprit, l'humour, la créativité, l'imagination, la clarté d'esprit, le discernement ; les émotions pour prendre du plaisir, ressentir de la joie, de la sécurité, de l'estime de soi, de l'optimisme, de la gratitude ; le corps pour combattre la fatigue, retrouver de la tonicité, de l'endurance, baisser votre fréquence cardiaque et respirer calmement ; et l'esprit pour (re)donner de la signification et vous accomplir dans votre rôle de dirigeant. *« S'accorder des ruptures temporelles par des pauses est indispensable pour préserver son corps et son énergie. Attention, une vraie rupture, pas un stage de déconnexion digitale qui réduit la mauvaise appréhension du temps à un problème d'outil. Renouez avec une mal-aimée : l'attente. Quelle meilleure qualité que la capacité à attendre son heure[1] ? »*, propose aux dirigeants le journal *Les Échos*.

Vous n'êtes pas un super-héros, gardez-le à l'esprit. *« J'étais épuisé intellectuellement. À force, on n'en peut plus et l'on tombe. Personne ne s'en doutait… J'avais honte de parler de mes difficultés. Car le fait de flancher aurait pu être perçu comme de la faiblesse. Et un chef d'entre-*

---

1. Muriel Jasor, « Dirigeants et rapport au temps », *Les Échos*, 30 novembre 2015.

prise ne flanche jamais… n'est-ce pas ? », raconte Clément Guiraud, jeune entrepreneur du BTP, victime d'un burn-out[1]. Identifiez vos premiers signaux d'alerte avant l'épuisement ou, plus grave, l'accident. Chaque année, environ 50 000 Français décèdent prématurément d'un arrêt cardiaque (dont des dirigeants d'entreprise comme Pierre Berger, P.-D.G. du groupe français de BTP Eiffage). Or, plus de la moitié des patients qui meurent subitement auraient des signes avant-coureurs, ce qui laisserait largement le temps d'intervenir selon une étude Inserm/AP-HP/université Paris Descartes : douleur dans la poitrine, essoufflement à l'effort et pertes de connaissance. Mais seulement 19 % des patients avec symptômes ont appelé les secours, ils présentaient trois fois plus de chances de survivre comparés à ceux ayant négligé leurs symptômes[2]. La pratique de la pleine conscience, proposée tout au long de ce livre, aide à détecter ces signes avant-coureurs.

L'échelle bien connue (mais dépassée) de Holmes et Rahe permet, elle, d'évaluer l'impact d'événements sur notre niveau de stress. Repérez dans le tableau ci-dessous les événements qui vous ont touché au cours des deux dernières années, puis notez la charge de stress que vous pensez avoir reçue :

Événements	Degré de stress
Décès familial proche, divorce/séparation conjugale. Blessure ou maladie grave. Licenciement. Mariage/emprisonnement.	Très élevé
Changement dans le travail. Problèmes d'argent. Changement de l'état de santé d'un proche. Grossesse/naissance. Réconciliation du couple/retraite.	Élevé
Changement dans le travail du conjoint. Conflits avec beaux-parents/patron, enfant quittant la maison. Prêt ou hypothèque. Querelles familiales. Responsabilités professionnelles évoluant.	Modéré
Changement d'horaires de travail, de régime alimentaire, de lieu de vacances ou loisir/de ses habitudes, célébration de Noël, délits mineurs…	Faible

1. http://business.lesechos.fr/entrepreneurs du 21 janvier 2016.
2. http://presse.inserm.fr/arret-cardiaque-ne-negligez-pas-les-signes-dalerte/21999/.

Êtes-vous conscient du niveau de stress atteint ? Comment s'est-il manifesté chez vous ? Quelles mesures avez-vous prises pour réparer ce stress ?

Repérer ses *warnings* émotionnels

Le Leader positif sait non seulement identifier, mais aussi utiliser ses émotions pour mieux apprivoiser son stress et celui de son environnement. Parmi les premiers stresseurs se trouvent nos émotions. Or, nous avons tendance à réagir, plutôt que de répondre aux signaux qu'elles nous envoient. Cultiver une pleine conscience de nos états internes nous permet de créer cet espace, cher à Viktor Frankl, entre un stimulus et notre réponse : « *Dans cet espace repose notre pouvoir de choisir notre réponse. Dans cette réponse résident notre accomplissement et notre liberté.* » Osons investir cet espace et reprendre notre liberté ! Apprivoiser son stress, c'est être capable de repérer ses *warnings* émotionnels et de choisir intentionnellement comment y répondre.

Sortez votre GPS à émotions. Nous allons explorer nos registres émotionnels et nous apercevoir qu'à chaque émotion correspondent des *warnings* et des réactions. Nos *warnings* émotionnels sont ces stimuli ou déclencheurs qui génèrent une ou plusieurs émotions. Le sentiment d'injustice entraîne souvent de la colère ; vivre une expérience positive inattendue génère surprise et stupéfaction. Nos réactions face à ces *warnings* émotionnels incluent nos réactions physiques (le corps ne ment jamais) et notre envie de réagir pour corriger ou amplifier la situation. Ainsi, tout dirigeant que vous soyez, vous restez un animal social, éprouvant quotidiennement de nombreuses émotions. Et si vous utilisiez plus souvent votre GPS émotionnel pour trouver le bon chemin dans vos réactions ? Cela vous aiderait à mieux naviguer dans ce monde de plus en plus complexe et insaisissable.

Repérez, dans le tableau ci-après, les trois émotions agréables et désagréables, les *warnings* associés et les réactions déclenchées les plus fréquents chez vous :

	LES ÉMOTIONS ÉPANOUISSANTES	
Émotion	*Warning*	**Réactions**
Curiosité, fascination, intérêt…	Des circonstances, personnes, enjeux ou problèmes intéressants, complexes, nouveaux.	Corporelles: sensibilité accrue de nos sens aux stimuli. Envie de chercher, d'explorer, d'enquêter, de découvrir.
Ardeur, effervescence, attente, excitation…	Des opportunités à saisir, des options futures positives, l'anticipation d'expériences agréables.	Corporelles: hausse de l'adrénaline et de la dopamine (énergie). Envie de démarrer, de se lancer, de découvrir d'autres stimuli.
Joie, allégresse, jouissance, excitation, euphorie, plaisir, gaîté, ravissement…	Le sens, l'accomplissement. L'anticipation d'une expérience future agréable. Une expérience actuelle positive. La satisfaction d'une expérience passée. La récompense, la réussite.	Corporelles: excitation, hausse de la dopamine et de la norépinephrine. Envie de partager, d'appartenir à un groupe, d'être actif, de se ressourcer.
Surprise, émerveillement, étonnement…	Une expérience ou une situation positive inattendue.	Corporelles: hausse de l'adrénaline, pupilles dilatées. Envie de manifester son plaisir, de rire et sourire, de partager.
Optimisme, espoir, anticipation, confiance, fierté…	Conviction ou croyance en un futur agréable, positif, un potentiel favorable. Avoir la foi, croire en soi, ou l'influence positive d'autrui.	Corporelles: hausse de la sérotonine, allégresse, légèreté. Envie d'avancer, de s'engager, d'aller de l'avant, de sourire et de partager autour de soi.
Satisfaction, contentement, accomplissement…	Satisfaction de ce qui nous arrive dans l'instant, attentes satisfaites, appréciation de l'état actuel des choses ou des personnes.	Corporelles: fonctionner au ralenti, prendre son temps. Envie de savourer, de se poser ou de se détendre.
Gratitude, reconnaissance, amour, affection, compassion…	Se sentir en empathie, connecté, désir de soulager ou d'aider, apporter de l'aide, rendre un service.	Corporelles: être expansif, ouvert, hausse de la dopamine, de l'ocytocine. Envie de contacts, de renforcer et partager ces déclencheurs agréables.

LES ÉMOTIONS STRESSANTES (DE SURVIE)		
Émotion	**Warning**	**Réactions**
Tristesse	Se sentir déconnecté des autres ou de soi, éprouver de la solitude. La perte de quelque chose de valeur ou la déception, désillusion.	Corporelles: apathie, léthargie, agir au ralenti, moindre appétit ou envie. Envie de réfléchir à la situation, de se reposer, de se reprendre ou de faire silence.
Colère, indignation, irritation, rage, fureur, hostilité, frustration, ressentiment…	Colère: injustice, menace, agression, irrespect. Frustration: absence de satisfaction en dépit d'efforts, déception.	Corporelles: souffle rapide, muscles tendus, énergie qui ne demande qu'à sortir. Envie de réagir, de s'emporter, d'être aussi agressif, de se révolter.
Peur, effroi, terreur, anxiété, consternation, soucis, appréhension…	Peur: menace ou danger immédiats, inconnu, perte. Anxiété, angoisse: menace probable et incertitude quant aux moyens d'y faire face.	Corporelles: hausse du rythme cardiaque, de l'adrénaline, du cortisol. Envie de fuir, de réagir (combattre ou s'adapter) ou de se cacher/se figer/se protéger.
Choc, surprise, confusion, étonnement, effarouchement…	Un événement ou une situation désagréable inattendu, un contexte flou, une situation confuse.	Corporelles: dilatation des pupilles, hausse de l'adrénaline. Envie d'en savoir plus, de reculer, de manifester son émotion, de comprendre.
Honte, culpabilité, humiliation, regret, embarras, remords…	Situation sociale ou expérience désagréable amenant du stress. Normes sociales ou personnelles remises en question.	Corporelles: baisser la tête, regarder en l'air, fixer des yeux, rougir. Envie de s'isoler, de se cacher.
Ennui, complaisance…	Absence de stimulant, de défi, routine.	Corporelles: tourner au ralenti, torpeur, bâillement. Envie de stimuli ou de dormir.
Dégoût, aversion, dédain, mépris…	Attaque de notre morale, attentes non comblées, déception, agression de nos goûts, désespoir et impuissance.	Corporelles: fermeture de nos sens, se couper ou éviter. Envie de rejeter, repousser, se préserver.

Pour chacune des trois émotions agréables et désagréables repérées :

1. Nommez l'émotion : ....

2. Évaluez son intensité (1 : minime/10 : maximale) : ....

3. Quels sont les *warnings* chez vous (les déclencheurs), soyez précis : ....

   ....

   ....

4. Repérez les manifestations physiques de cette émotion (soyez précis) : ....

   ....

   ....

5. Quelles sont vos réactions déclenchées par cette émotion (ce qu'elle me dit de faire) : ....

   ....

   ....

6. Que vous apprend-elle sur vous-même : que vous dit-elle sur ce que vous attendez ou non de cette situation, sur ce qui est important pour vous ? Votre besoin profond ? ....

   ....

   ....

Reproduisez l'exercice tous les jours pendant une semaine, en notant ses bénéfices sur vous-même et votre environnement de travail (situations, personnes…). Que constatez-vous ? Vos modèles de comportement ou système de croyances évoluent-ils doucement ? Sachez qu'en faisant de vos émotions des alliés précieux, vous gagnez en humanité sans jamais perdre en légitimité ou en efficacité, au contraire !

Et si, face à la prochaine charge émotionnelle qui vous submerge ou distord votre perception de la réalité, vous répondiez par une courte pause en pratiquant la méditation ci-dessous, plutôt que laisser cette émotion entraver votre performance ou votre bien-être ?

J'OPÈRE MA TRANSFORMATION

DEVENIR INTIME AVEC MES ÉMOTIONS
(5 à 7 minutes)

En pratique

- Je choisis un endroit calme, où je ne serai pas dérangé(e), mon portable est coupé. Assis(e) de préférence, j'ôte mes chaussures et pose les deux pieds à plat au sol, de manière à me sentir ancré(e), le dos décollé du siège (si possible), les mains à plat sur les cuisses. Je ferme les yeux.

- À présent, je prends le temps de porter mon attention à mon souffle: au niveau du diaphragme ou de l'abdomen, ou bien au niveau de mes narines. Je tourne simplement mon attention vers ma respiration sans chercher à la contrôler. J'observe chaque inspiration, chaque expiration, unique, dans toute leur longueur. Au besoin, je pose une main sur l'abdomen pour sentir la dilatation du diaphragme.

- Puis je dirige mon attention vers la ou les émotions désagréables qui surgissent. Sans chercher à la/les refouler, je la/les décris ainsi que la situation difficile. J'observe les traits de mon visage exprimant cette émotion. J'entre véritablement en contact intime avec l'émotion, sans me juger.

- Puis je vais poser mon attention vers les manifestations physiques de l'émotion dans mon corps, noter leur localisation, leur intensité. Du mieux que je puisse, je commence à respirer doucement dans ces sensations.

- Je laisse ces sensations se répandre dans tout mon corps, tranquillement. Je me représente l'émotion comme une énergie qui me traverse. Je ne juge pas si cette émotion est bonne ou mauvaise, agréable ou pas. Puis j'inspire et j'expire comme si je voulais répandre paisiblement ces sensations, même inconfortables, à tout mon corps, cellule par cellule.

- À présent, je m'interroge sincèrement: «Quel désir, quel besoin profond cette émotion révèle-t-elle en moi? Quel souhait ou quelle menace porte-t-elle?»

- Enfin, je me dis que chaque émotion est une alliée qui m'aide à prendre conscience. Je me félicite et remercie cette émotion d'avoir surgi. Elle m'invite à agir, peut-être vers plus de compassion envers moi-même, de protection, à changer de comportement, à apaiser mon corps.

- Quand je le décide, je reviens à la conscience de mon souffle le temps de 3 ou 4 respirations. Je me félicite des bénéfices précieux que je tire de cette pratique, puis j'ouvre lentement les yeux et conserve, du mieux que je puisse, cette qualité d'attention le reste de la journée.

JE FAIS LE POINT

À partir du sous-chapitre ci-dessus, répondez aux questions suivantes. L'idée, ici, est de vous aider à faire le lien entre votre batterie émotionnelle et vos besoins de dirigeant :

- quels trois premiers enseignements tirez-vous de ce chapitre ?

- Quels sont vos « vieux démons » émotionnels que vous allez pouvoir traiter ?

- En tant que dirigeant, dans quelle situation cette gestion des émotions vous est-elle le plus utile ? Pourquoi ?

- Que vous apprend ce chapitre sur vous-même ?

DEVENIR UN DÉCATHLONIEN DE LA TRANSFORMATION ?

Gérer son énergie comme si l'on était un athlète de haut niveau ? L'idée peut vous sembler trop décalée. Et pourtant, piloter une entreprise ou une organisation dans un monde en mutation permanente, où vous devez allouer vos ressources et celles de vos équipes, requiert une compétence nouvelle : être gestionnaire de nos énergies que sont notre capital santé physique, le temps, nos émotions, notre santé mentale, notre bien-être, notre quête spirituelle. Combien de fois négligeons-nous les activités qui nous nourrissent, qui nous portent et qui sont essentielles à notre performance de leader? Porter attention à ce qui nous recharge mobilise à la fois connaissance de nous-même, à tous les instants, et discipline et persévérance.

Quelles sont les activités, parmi la liste suivante, qui vous redonnent de l'énergie?

- Activités physiques ou sportives;

- nourriture saine et équilibrée;

- voir des gens;

- se divertir seul ou à plusieurs (cinéma, lecture, restaurant, réseaux sociaux…);

- servir une œuvre caritative;

- passer du temps dans la nature;

- se détendre, se relaxer;

- méditer ou avoir une pratique spirituelle (prière, lecture de textes sacrés ou de sagesse, écriture, chants sacrés…);

- autres?

Avouons-le, nous avons tous pris de bonnes résolutions en matière d'hygiène et de santé… sans vraiment les tenir sur la durée. Pourtant, instaurer de nouveaux rituels de comportement est essentiel afin de piloter notre énergie.

Voici, en trois étapes, comment vous y prendre:

1. Porter notre conscience sur nos habitudes actuelles (en matière de nourriture, exercice, sommeil, etc.): noter dans un carnet pendant 15 jours toutes nos activités et nos ressentis (agréables, désagréables, sensations physiques, pensées…).

2. Décider d'adopter une ou plusieurs nouvelles habitudes en se fixant un objectif atteignable.

3. Tenir un carnet de route en notant chaque étape franchie vers l'atteinte de l'objectif. Noter les progrès.

Voici, à titre d'exemple, un exercice simple pour retrouver de l'énergie :

1. Faites une liste de vos activités quotidiennes depuis votre réveil jusqu'au coucher.
2. Ensuite, classez-les en activités « bonus » (+) (qui vous nourrissent), en activités « minus » (–) (qui vous tirent vers le bas, pompent votre énergie), ou encore en activités de maîtrise (M), c'est-à-dire qui ne sont peut-être pas plaisantes en soi, mais qui permettent une forme de contentement, d'accomplissement, donc du plaisir quand vous avez terminé (exemples : finir la paperasse, réparer un objet à la maison, rédiger un compte rendu au bureau, etc.).

Activités à la maison, au bureau	Activités + qui me nourrissent, me donnent de l'énergie	Activités – qui me tirent vers le bas, pompent mon énergie	Activités M de maîtrise
Le petit-déjeuner			
La douche			
Les transports			
Les réunions (détaillez)			
Écouter de la musique			
Aller au restaurant			
Séance de créativité			
Assister à une conférence			
Participer à un réseau professionnel			
Le dîner en famille			
Méditer			
Le contact avec la nature…			

Quelles conclusions en tirez-vous ? Il est possible que trop d'activités vous prennent votre énergie et que pas assez ne vous en donnent. À vous de décider d'orienter davantage, dans la mesure du possible, vos activités professionnelles, et surtout personnelles, vers celles qui vous stimulent, vous redonnent de l'énergie. Regardez de près, il n'y a rien de compliqué à changer nos activités rituelles. Il suffit de débrancher le « pilote automatique » et de reprendre les commandes en conscience !

Un autre moyen de préserver votre énergie et de booster celle de votre organisation, c'est de repérer et d'encourager les « énergiseurs ». Concrètement, demandez à vos collaborateurs d'écrire trois noms de collègues qui leur semblent être les plus positifs et dynamiques de l'entreprise. Puis créez des bulles autour de chaque nom, dont la taille est proportionnelle au nombre de citations reçues. Vous avez alors une cartographie des relais d'énergie sur lesquels vous appuyer pour accélérer les transformations par exemple.

Regardons à présent les autres stratégies pour booster votre énergie et vous régénérer.

Régénérer son cerveau

Attention, le réchauffement neuronal nous guette si nous n'y prêtons pas attention ! La révolution numérique génère un raz-de-marée informationnel, les cadres reçoivent en moyenne dix fois plus d'informations qu'il y a quinze ans[1]. L'information numérique double tous les quatre ans, ralentissant ainsi le processus décisionnel. Le syndrome FOMO (Fear of Missing Out : la peur de rater une information) touche 6 à 10 millions de personnes dans le monde. Le flux d'information devient pléthorique, alors que nous percevons le flux du temps comme se raréfiant, facteur de burn-out selon Joël de Rosnay. On l'a vu, la distraction digitale fait des ravages : nous sommes interrompus ou nous nous interrompons en moyenne toutes les 3 minutes[2] à cause de nos mul-

---

1. Caroline Sauvajol-Rialland, *Infobésité – Comprendre et maîtriser la déferlante d'informations*, Vuibert, 2013.
2. Gloria Mark.

tiples écrans. Se reconcentrer demande alors du temps (jusqu'à 23 minutes selon la chercheuse Gloria Mark). Observez combien il est difficile d'obtenir l'attention complète (la vôtre comme celle de votre interlocuteur) lors d'une simple conversation. Cette distraction mentale augmente notre risque de faire des erreurs et peut diminuer nos capacités cognitives : selon Glenn Wilson, de l'université de Londres, être régulièrement interrompu par SMS et e-mail peut diminuer notre QI de dix points. Nous sommes ultraconnectés et « tripotons nos doudous » (nos smartphones) en moyenne cent cinquante fois par jour. Grâce à nos objets électroniques qui nous rendent connectés, donc joignables à tout moment, le syndrome ATAWAD (AnyTime, AnyWhere, Any Device) engendre un technostress insoupçonné. Russell Clayton a montré que des étudiants volontairement privés de leur mobile voyaient leurs performances mentales diminuer, et leur rythme cardiaque et leur anxiété augmenter. La plupart d'entre nous sont multitâches : envoyer un SMS en réunion, lire un e-mail en parlant au téléphone, surfer sur le Net en parlant ne pose pas de problème. Sauf que nos ressources cognitives s'en trouvent impactées, et le risque d'erreurs peut grimper de 50 % selon les chercheurs. Alors, que faire pour régénérer son cerveau et développer ses performances mentales ?

L'EXEMPLE DE STEELCASE

L'un des leaders mondiaux des solutions d'environnement de travail, Steelcase, a développé une approche neuroscientifique des conditions permettant de développer un *« cerveau haute performance*[1] *»*, et suggère plusieurs exercices simples selon vos besoins : sachant que notre attention et notre concentration sont des ressources limitées, quel mode cérébral pouvons-nous améliorer afin d'optimiser les performances de notre cerveau ?

• Pour retrouver de la **concentration** : évitez les distractions importunes. Isolez-vous pour retrouver de

---

1. http://www.steelcase.com/eu-fr/perspectives/articles/un-cerveau-haute-perfomance.

l'intimité en coupant vos boîtes mail et smartphone temporairement. Écoutez de la musique ou des ambiances sonores avec un casque à réduction de bruit. Évitez les stimuli extérieurs, faites silence régulièrement.

- Pour **se régénérer** et retrouver de l'**inspiration** : décrétez une pause en faisant du coloriage, en rêvant (de quelque chose d'agréable : loisir, personnes qui vous sont chères, projets) ou en méditant quelques minutes. Notre cerveau se fatigue, ne l'oubliez pas.
- Pour **activer** notre cerveau. L'activité physique stimule nos circuits neuronaux et renforce notre attention. Augmentez les opportunités de mouvements tout au long de la journée : se lever, s'étirer, marcher, courir, organiser des réunions-promenades, adopter des postures de yoga sur votre chaise.

Se nourrir en conscience

Manger est probablement l'une des activités que nous faisons le plus de manière automatique, sans y porter attention. Se nourrir en conscience renvoie à l'idée de mobiliser tous nos sens, afin d'explorer l'expérience de l'alimentation et de cultiver davantage la pleine conscience de notre mental, de notre corps, de nos pensées ou de nos actes.

Voici quelques astuces pour manger en conscience :

- ne vous jugez pas en décidant de manger en conscience. Faites-vous confiance, même si, au début, vous n'en voyez pas l'intérêt ou si vous ne percevez rien de particulier. Patience et longueur de temps… ;

- apprenez à écouter ce dont votre corps a besoin (notez votre degré d'appétit ou de satiété) ;

- portez attention aux effets physiques et mentaux de votre nourriture ;

- si vous préparez le repas, prenez conscience des odeurs, des couleurs, des textures des ingrédients utilisés, de leur origine et des bienfaits de la nature (soleil, eau, terre). Songez avec bienveillance et gratitude à toutes les personnes qui ont contribué à planter, cultiver, récolter et distribuer ces ingrédients (légumes, fruits, poissons) ;

- faites du lieu du repas (si c'est possible) un endroit agréable, au calme. Idéalement, essayez de manger un repas en silence par jour comme le petit-déjeuner, le déjeuner ou le dîner, ou bien la pause *snacking*, café, thé (prévenez votre entourage familial ou professionnel, cela peut surprendre !) ;

- installez-vous confortablement à table : les pieds à plat, et non entourant les pieds de chaise, le dos bien droit. Évitez de manger debout ou en marchant ;

- au lieu de vous précipiter sur le premier plat, observez à nouveau les couleurs, les odeurs, notez votre degré d'appétit ;

- évitez de parler en mangeant, prévenez votre entourage. Déconnectez-vous en coupant votre portable, résistez au multitâche (manger et lire, jouer, travailler, discuter, envoyer des e-mails ou des SMS…) ;

- prenez 3 ou 4 respirations profondes avant de commencer, décidez de rester totalement présent à ce repas. Si votre esprit part ailleurs cent fois, ramenez-le cent fois en douceur, à l'acte de manger, rien d'autre ;

- ralentissez le processus, explorez vos sens :

  - vous pouvez fermer les yeux de temps en temps. Faites comme si vous veniez d'une autre planète à chaque plat, chaque bouchée, chaque gorgée ;

  - regardez réellement les couleurs et les formes des ingrédients comme un tableau de peinture. Approchez-vous, notez les ombres et reflets de la lumière, le relief des aliments ;

  - prenez conscience des odeurs à chaque respiration, notez vos réactions (envie, neutre ou rejet). Savourez chaque bouchée comme une expérience unique ;

  - faites circuler les morceaux dans votre palais, nommez les saveurs et les variations de saveur, mâchez très lentement, repérez les éventuels sons lorsque vous croquez ;

  - voyez si vous pouvez être conscient de l'intention d'avaler les aliments avant de les avaler effectivement, en visualisant leur trajet vers l'estomac. Savourez plus particulièrement votre dernière bouchée, votre dernière gorgée ;

- demandez-vous si vous avez assez mangé, reconnaissez, sans vous juger, votre désir de reprendre d'un plat favori. Interrogez-vous sur ce que vous faites de bien dans votre alimentation ;

- enfin, évaluez votre degré de conscience lors du repas (par exemple sur une échelle de 1 à 10), sans chercher à réussir quoi que ce soit. Décidez de quelques pense-bêtes pour vous inciter à répéter les repas en conscience (objet, Post-It, à deux avec un collaborateur…).

Alors, convaincu ? Un bon moyen de cultiver notre conscience en mangeant est de tenir un carnet de bord comme celui ci-après. Il vous permet de noter ce que vous mangez, et surtout comment ces aliments impactent votre corps (vous dynamisent ou vous rendent lourd, moins en forme), vous permettant ainsi de changer progressivement d'habitudes. Faites l'exercice pendant 7 jours, et voyez les effets sur votre niveau d'énergie.

Date	Petit-déjeuner	Déjeuner	Pause (café, thé, snacking)	Dîner
Qu'ai-je mangé ? En quelle quantité ? Qu'ai-je noté comme effets sur mon corps et mes émotions ? (Est-ce que je me sens plus énergique ou pas ?)				
Jour 1				
Jour 2				
Jour 3				
Jour 4				
Jour 5				
Jour 6				
Jour 7				

Prendre soin de soi et gérer son énergie, c'est aussi, vous le savez, bien dormir. Mais franchement, quelle importance accordez-vous à la qualité réparatrice de vos nuits ?

Morphée, votre allié

Votre performance et votre humeur dépendent en partie de la qualité de votre sommeil ou des pauses que vous faites dans la journée. De nombreux dirigeants souffrent d'un sommeil non réparateur, entraînant fatigue, déconcentration, humeur maussade. Sur une année, les entrepreneurs comptent en moyenne 200 heures de sommeil en moins à leur compteur[1]. Et si vous décidiez de remonter votre taux de sérotonine ? Une recherche, menée auprès de 500 000 sujets américains par le Bureau of Labor Statistics et le United States Census Bureau, a montré la forte corrélation entre le niveau de bien-être et la quantité de sommeil et de repos. Sachez-le, *« un sommeil insuffisant ou perturbé a des effets physiologiques majeurs, aussi bien sur la vigilance que sur les sphères cognitives, métaboliques, immunitaires et affectives »*, selon Claude Gronfier, chercheur en chronobiologie de l'Inserm[2]. Vous les connaissez sûrement, mais il est bon de rappeler les nombreux bénéfices du sommeil : il augmente vos performances physiques et mentales (mémoire, concentration, apprentissage…), ralentit les inflammations et allonge la durée de vie, stimule la créativité…

Quant à la sieste, elle s'installe doucement dans nos entreprises. Le préjugé du tire-au-flanc laisse progressivement la place à l'idée d'une meilleure santé et d'une plus grande efficacité. Regardez nos sportifs de haut niveau, leurs coachs les obligent à faire la sieste. Mais rares sont les dirigeants qui osent montrer l'exemple à leurs équipes. Jérôme Daubresse, directeur général de Novius, une agence digitale, a choisi de miser sur le bien-être de ses collaborateurs. Parmi les nombreuses initiatives de l'entreprise (deux vendredis après-midi de libre par mois, soirées festives, sorties sportives, frigo *open bar*…), la plus médiatique est

---

1. http://business.lesechos.fr/entrepreneurs du 21 janvier 2016.
2. Sylvie Royant-Parola, *Les Mécanismes du sommeil*, Éditions Le Pommier, 2007.

incontestablement la salle de sieste. Le dirigeant lui-même l'occupe régulièrement pour se régénérer, et gagner en concentration et en efficacité. Certains collaborateurs l'imitent. Êtes-vous prêt à vous autoriser une sieste chaque jour?

Alors, quelles astuces pour mieux dormir?

- Un classique: pas d'écran (tablette, TV, téléphone) dans l'heure avant l'endormissement;

- privilégier la régularité dans l'heure du coucher et du réveil;

- prendre une douche tiède avant de se mettre au lit;

- pas d'alcool ou de café/thé dans les 2 heures précédant le coucher;

- faire des exercices physiques quotidiennement, source de bonne fatigue;

- et si vous ne trouvez pas le sommeil au bout de 20 minutes, levez-vous pour faire une activité calme (lire, boire de l'eau, marcher) avant de rejoindre Morphée.

Vous pouvez aussi décider de vous lever plus tôt le matin, comme de nombreux dirigeants – dont Sergio Marchionne (Chrysler), Tim Cook (Apple), Jeffrey Immelt (General Electric), Richard Branson (Virgin) ou Olivier Huart (TDF), lequel regarde le lever du jour en buvant son thé. Selon une recherche de l'université de Heidelberg, menée auprès de 350 étudiants sur l'heure à laquelle ils se sentaient le plus énergiques, les adeptes du « lever tôt » étaient les plus à même d'anticiper les problèmes, de les minimiser et d'être « proactifs ». Des compétences associées à de meilleures performances professionnelles.

Le corps en mouvement

Nul besoin de vous rappeler l'impérieuse nécessité d'avoir une activité physique régulière, les campagnes de communication sur la nutrition et la santé nous le rappellent. Les nombreuses recherches scientifiques sur le sujet aussi. D'ailleurs, celles-ci mettent en avant qu'une pratique physique régulière diminue notre taux de cortisol – l'hormone du stress qui augmente notre pression artérielle, affaiblit notre système immunitaire et favorise le risque d'accident cardio-vasculaire. Le sport, sur le lieu de travail notamment, permet d'améliorer notre santé, notre humeur et notre efficacité. Et de renforcer les liens aussi. Sans forcément vouloir devenir un athlète, ou si le sport vous rebute, soyez bienveillant et patient envers vous-même et lancez-vous quelques défis accessibles :

- marcher le plus souvent possible (prendre l'escalier plutôt que l'ascenseur, faire un détour à pied pour aller déjeuner ou avant de reprendre l'après-midi) ;
- bouger toutes les 2 heures minimum ;
- faire quelques étirements entre ou pendant les réunions, ou après le déjeuner ;
- instaurer des réunions en marchant, ou les finir debout au moment de prendre les décisions ;
- aller courir ou faire du vélo, fréquenter une salle de sport, quelques minutes par jour.

JE FAIS LE POINT

À partir du sous-chapitre ci-dessus, répondez aux questions suivantes. L'idée, ici, est de vous aider à faire le lien entre vos activités quotidiennes et vos compétences de dirigeant :

- que décidez-vous de changer ou de commencer en matière d'alimentation, de sommeil ou d'activités physiques ?
- Quel tabou doit sauter en vous pour que vous décidiez de changer vos habitudes ou vos rituels ?
- Pour tenir le rythme des transformations perpétuelles de votre organisation et réguler votre énergie, quelles pauses régénératrices allez-vous vous accorder ? En démarrant quand ?

LE CORPS, VOTRE PRINCIPAL CAPITAL

Vous l'oubliez peut-être, mais votre corps constitue votre principal partenaire de travail. Certains dirigeants l'ont oublié en tombant dans le surmenage ou dans des problèmes de santé sérieux (maux de dos, vertèbres coincées, malaise cardiaque, voire accident vasculaire cérébral). Comprenez bien que pour vous transformer vers un leadership plus positif, vous devez mieux prendre soin de vous, afin de pouvoir mieux prendre soin de vos collaborateurs. Voici une pratique méditative qui va vous aider à prendre soin de votre corps.

Le scan corporel

J'OPÈRE MA TRANSFORMATION

LE SCAN CORPOREL OU *BODY SCAN* 
(10 à 20 minutes)

En pratique

- Je choisis un endroit calme, où je ne serai pas dérangé(e), mon portable est coupé. Au cours de l'exercice, je peux ressentir différentes sensations (agréables, moins agréables ou neutres) comme: des démangeaisons, des picotements, des tensions, un apaisement, un relâchement, une chaleur ou fraîcheur, intense ou discrète, permanente ou intermittente, ou bien une absence de sensations. Ce qui compte, c'est d'abord la qualité d'attention et la sincérité.

- Je m'installe calmement sur mon tapis de yoga si j'en ai un, au sol, sur le dos, ou bien assis(e) sur une chaise. Je cherche une position confortable, je ferme les yeux, les jambes sont décroisées, les mains paumes au sol ou sur les genoux.

- Quand je me sens prêt(e), je dirige mon attention vers mon souffle, plus précisément vers les sensations liées à ma respiration: narines/poumons/abdomen, une main sur le ventre. Je respire normalement et je porte mon attention aux sensations dans ma hanche gauche, cuisse, genou (intérieur/extérieur, articulations), tibia/mollet, cheville, pied (le dessus, plante, orteils, entre orteils) : chaleur/fraîcheur, moiteur/sécheresse, points de contact peau/vêtements, poids/pression/sensations musculaires ; qu'est-ce que je ressens ? J'élargis l'attention à toute la jambe gauche.

- Même séquence pour la jambe droite : hanche, cuisse, genou, tibia/mollet, cheville, pied. Qu'est-ce que je ressens comme différence avec l'autre jambe ? Il est possible que je ne ressente rien, j'accueille cette expérience en soi.

- Même séquence dans la région du ventre, abdomen, organes (intestin, foie, estomac), cage thoracique, sternum, poitrine/poumons, cœur, cou.

- Même séquence dans la région du dos, de bas en haut : colonne vertébrale, muscles, différences entre les côtes. Si des tensions sont là, je fais preuve de bienveillance sans chercher à les combattre. Puis j'inspire et j'expire dans toute la colonne.

- Même séquence dans le bras gauche : épaule, coude, avant-bras, poignet, main, doigts. Puis bras droit : épaule, coude, avant-bras, poignet, main, doigts.

- Même séquence dans la zone du cou, du visage : mâchoires, joues, menton, bouche, dents, nez (sentir la température de l'air), yeux/paupières qui les protègent, globes oculaires (conscience de leur volume), tempes, front (que je relâche), oreilles, crâne qui abrite mon cerveau, cuir chevelu, tout le visage. Prendre conscience s'il est apaisé, relâché ou non.

- À présent, je deviens conscient de mon corps : des pieds à la tête.

- J'inspire de l'énergie, de la fraîcheur, j'expire et évacue ce dont mon corps n'a pas besoin (tensions…).

- Je prends conscience de tout mon corps et j'inspire et j'expire dedans. J'imagine un petit trou au sommet du crâne par lequel j'inspire et j'expire.

- Quand je le décide, je reviens à la conscience de mon souffle le temps de 3 ou 4 respirations. Je me félicite d'avoir consacré ce moment à être pleinement présent(e) et

savoure les bénéfices précieux que je tire de cette pratique. Puis j'ouvre lentement les yeux et conserve, du mieux que je puisse, cette qualité d'attention le reste de la journée.

Voici quelques exercices simples à pratiquer debout, au bureau, pour retrouver de l'énergie et cultiver sa qualité de présence et d'attention.

Veillez surtout à ne jamais forcer. Au contraire, explorez vos limites sans jamais entrer en compétition avec vous-même. Il s'agit ici de se centrer, non pas sur ce que fait le corps, ses progrès, mais sur le fait d'être avec son corps.

- Debout, les pieds (déchaussés) bien ancrés au sol (imaginez des racines), les bras relâchés, prenez conscience des points de contact avec le sol. Puis basculez tout doucement le poids du corps de l'avant vers l'arrière en passant par la position neutre. Voyez si vous pouvez ressentir le transfert du poids du corps sur les orteils puis sur les talons, les muscles des cuisses en tension ou non. Identifiez les muscles qui ne sont pas sollicités. Faites l'exercice trois fois. Inspirez et expirez dans tout le corps, comme si l'air entrait par les orteils et sortait par le haut du crâne.

- Levez tranquillement le bras droit à la verticale, comme si vous vouliez toucher une étoile. Le talon de la jambe gauche se décolle légèrement, respirez 3 ou 4 fois en ressentant les muscles en tension, puis baissez le bras en observant les changements de sensations. Faites de même avec le bras gauche. Répétez l'exercice trois fois.

- Debout toujours, les mains sur les hanches, faites plusieurs rotations lentes de la tête (dans un sens, puis dans l'autre, trois fois de suite). Sentez les différents muscles sollicités, sans vous juger, pendant le mouvement. Notez l'intensité des sensations, leur caractère agréable ou non.

CES PATRONS QUI PRIVILÉGIENT L'HARMONIE « TÊTE, CŒUR, CORPS, ESPRIT »

Présidente du *Huffington Post*, site d'actualités politiques qu'elle a cofondé, Arianna Huffington a opéré une profonde mutation dans son rapport au travail. Autrefois accro aux horaires démesurés, au multitâche et aux écrans digitaux, cette personnalité d'influence (élue par *Forbes* parmi les cent femmes les plus puissantes de la planète) préconise à présent la pratique de la pleine conscience, après un accident entraîné par une fatigue qu'elle n'a pas vu venir. L'absence de sommeil suffisant l'a conduite à l'épuisement. Et l'a amenée à repenser sa définition du succès et du leadership. Au-delà de l'argent et du pouvoir, le succès, selon elle, s'appuie aussi sur une troisième dimension faite de bien-être, de capacité à s'émerveiller, à se fier à son intuition et à sa sagesse intérieure, à faire preuve de compassion et de don de soi. S'adressant aux dirigeants, A. Huffington invite à prendre du recul face aux nouvelles technologies, pointant le paradoxe suivant : pourtant hyperconnectés, nous nous éloignons de nous-même et de notre sagesse intérieure. Consacrer plus de temps à ses amis sur Facebook qu'à ses amis réels, envoyer des SMS en présence de notre famille et négliger son temps de sommeil sont les symptômes classiques d'une vie frénétique. Parmi ses conseils : pratiquer une activité de ressourcement (type méditation, yoga), dormir plus, se déconnecter de nos outils digitaux, ne pas avoir peur de l'échec, rester connecté avec notre moi profond, qui nous sommes vraiment, prendre soin de soi et d'autrui. Elle avoue d'ailleurs n'être qu'un « *sometimes mindful leader* », tant il lui est difficile de lâcher ses habitudes de superwoman. Pas sûr qu'elle s'applique à elle-même les conseils qu'elle prodigue aux autres, mais, au moins, cela la rend plus humaine.

Citons d'autres dirigeants qui prennent soin de leur corps autant que de leur esprit : Loïc Le Meur, cofondateur de LeWeb, Rupert Murdoch le magnat de la presse, Bill Ford du groupe automobile éponyme...

JE FAIS LE POINT

À partir du chapitre ci-dessus, répondez aux questions suivantes. L'idée, ici, est de vous aider à faire le lien entre votre capital physique et vos compétences de dirigeant:

- quelles sont vos principales découvertes en pratiquant le scan corporel?

- Quels bénéfices en avez-vous tirés?

- Raisonnablement, que décidez-vous pour mieux prendre en compte votre corps dans votre rôle de leader?

- Quelle idée, pratique ou connaissance scientifique vous a le plus marqué? Comment a-t-elle influé sur l'impact et le sens de vos actes et paroles en tant que leader?

CONCLUSION

« Puissé-je avoir la sérénité d'accepter les choses que je ne peux changer, le courage de changer les choses que je peux changer et la sagesse d'en connaître la différence. »

Marc Aurèle

Notre monde change à une vitesse folle. En 2050, notre écosystème fusionnera numérique et intelligence artificielle, les organisations seront horizontales, en réseaux connectés, le savoir démultiplié, le pouvoir fragmenté et plus féminin, l'homme augmenté, le travail partagé, tout comme la richesse créée (je l'espère), notre planète préservée et l'économie plus solidaire. Et nos leaders ?

Ce livre est le reflet d'une époque inédite, à la fois terrifiante et porteuse de tant d'espoirs (progrès de la science et de la médecine, innovations sociales et environnementales, recul de la pauvreté et de l'exclusion, partage plus juste des richesses...). Dans son essai[1], Dominique Nora passe en revue ces innovations de rupture qui vont transformer nos vies. Mihaly Csikszentmihalyi, professeur de psychologie à l'université de Claremont et père du *flow*, évoquait, lors d'une rencontre à la conférence à Berlin en 2014, le changement de paradigme sur la question éternelle : « Qui contrôle le futur ? » Avant le XIXe siècle, l'âge de la foi remettait ce pouvoir plutôt entre les mains d'un être suprême face aux trois autres dimensions de son modèle : les forces impersonnelles (les tendances du cosmos, l'évolution...), le rôle de l'homme (entre avidité, ignorance, raison, savoir...) et le hasard (un astéroïde ou un virus qui frapperait la Terre...). Au XIXe et XXe siècles, âge de raison et de science, ce pouvoir revenait à ces forces impersonnelles. Ce XXIe siècle, âge de la conscience selon le

---

1. Dominique Nora, *Lettres à mes parents sur le monde de demain*, Grasset, 2015.

chercheur, verrait ce pouvoir revenir aux mains de la sagesse humaine. L'humilité, la créativité, la persévérance, l'imagination nous permettraient de construire ce futur. Il poursuit en nous alertant : *« Nous sommes conscients d'être l'expression la plus complexe de la vie sur Terre. Mais nous n'en sommes pas les maîtres. Nous devons prendre la responsabilité de soutenir l'évolution de la vie sur cette planète. Nous pouvons y contribuer en trouvant les meilleures façons de coexister avec ces forces impersonnelles (comme le réchauffement climatique, l'économie de marché) ou les autres formes de vie (par exemple les plantes, les animaux, les virus, les bactéries) et avec chacun d'entre nous. »* Et de finir sur ce que nous devons léguer à nos enfants : *« Que voulons-nous apprendre à nos enfants ? La responsabilité de soi et des autres, la gratitude et la joie dans la vie grâce à la coopération et non la concurrence, la connaissance, mais aussi les émotions et le dessein, le sens, grâce au développement personnel, et non le conformisme. »* Créer l'avenir que nous souhaitons passe par la réinvention de notre manière de travailler et de diriger nos entreprises. Or, aujourd'hui, la plupart de nos leaders, faute d'oser se transformer, sont des forces de résistance qui limitent le formidable potentiel humain de changement. Aidons nos leaders à s'engager vers cet âge de conscience, en ce début de siècle qui présente une soif infinie de spiritualité, une quête de sagesse comme jamais.

Il est possible que notre approche du Leader positif, comme d'autres, sera d'une telle évidence pour nos jeunes leaders de demain et d'après-demain qu'elle sera totalement désuète dans quelques années. En revanche, elle peut peut-être interpeller certains de nos dirigeants aux commandes en 2016. L'enjeu du Leader positif ? Réussir la transformation des entreprises et, au-delà, celle de notre société. Et contribuer à la réflexion autour d'un nouveau modèle combinant performance économique et épanouissement, intégrité et respect. Un modèle où l'altruisme cohabite avec la création de valeur, où la compassion côtoie la responsabilité et l'exigence. Cette transformation nécessaire du dirigeant implique courage et patience, confiance et travail sur soi. *« Un voyage de mille lieues commence toujours par un premier pas »*, nous rappelle sagement Lao Tseu.

J'ai écrit ce livre pour répondre à un appel intérieur, une impérieuse nécessité en moi : contribuer, être utile. Est-ce vraiment cet environnement de travail-là et cette planète-là que nous voulons léguer à nos enfants? En l'écrivant, j'ai pensé à mes enfants et aux générations futures qui arriveront sur le marché du travail entre 2020 et 2050. Ce livre, enfin, n'a pas la prétention de répondre aux innombrables questions soulevées par la toute jeune révolution numérique et ses conséquences sur les nouvelles formes de travail et de leadership. J'espère simplement qu'il inspirera et incitera nos dirigeants à opérer ou accélérer leur transformation pour bâtir ce meilleur futur possible auquel je crois éperdument.

BIBLIOGRAPHIE

Choisir, c'est renoncer. Voici donc une bibliographie (très) sélective qui aborde les trois piliers du Leader positif.

Achor S., *The Happiness Advantage: the Seven Principles of Positive Psychology that Fuel Success and Performance at Work*, Virgin Books, 2011.

André C., *Méditer jour après jour*, L'iconoclaste, 2011.

Ben-Shahar T., *Apprendre à être heureux*, Belfond, 2010.

Cameron K., *Practicing Positive Leadership: Tools and Techniques that Create Extraordinary Results*, Paperback, 2013.

Csikszentmihalyi M., *Vivre: la psychologie du bonheur*, Pocket, 2006.

Emmons R., *Merci! Quand la gratitude change nos vies*, Belfond, 2008.

Fredrickson B., *Groundbreaking Research to Release your Inner Optimist and Thrive*, Paperback, 2011.

Grant A., *Donnant donnant*, Pearson, 2013.

Hanson R., *Le Cerveau de Bouddha*, Poche, 2009.

Henry S., *Quand les décideurs s'inspirent des moines: 9 principes pour donner du sens à votre action*, Dunod, 2012.

Hesse H., *Siddhartha*, Poche, 1975.

Jaffelin E., *Éloge de la gentillesse en entreprise*, First Éditions, 2015.

Kabat-Zinn J., *Au cœur de la tourmente: la pleine conscience*, Poche, 2012.

Lenoir F., *La Puissance de la joie*, Fayard, 2015.

Lyubomirsky S., *Comment être heureux et le rester*, Marabout, 2011.

Ricard M., *L'Art de la méditation*, Nil Éditions, 2008.

Ricard M., *Plaidoyer pour l'altruisme*, Poche, 2014.

Seligman M., *La Force de l'optimisme*, Poche, 2012.

Shankland R., *La Psychologie positive*, Dunod, 2014.

Swart T., Chisholm K., Brown P., *Neuroscience for Leadership: Harnessing the Brain Gain Advantage*, Palgrave Macmillan, 2015.

Thich Nhat Hanh, *Le Miracle de la pleine conscience*, Poche, 2008.

INDEX

REMERCIEMENTS

Ce livre n'aurait pu voir le jour sans la contribution précieuse et les sages conseils de nombreuses personnes. Je souhaite leur exprimer ici toute ma gratitude.

À ces nombreux dirigeants que j'accompagne ou qui m'inspirent depuis tant d'années et qui m'ont donné, parfois sans le savoir, la matière première de ce livre. À ceux que j'ai interrogés ou observés en France comme dans le reste du monde. Je remercie en particulier Henri Lachmann pour nos échanges ouverts sur « qu'est-ce qu'être un leader » en ce début de XXIe siècle (la question n'est pas près d'être tranchée !), Matthieu Ricard pour sa confiance et l'intérêt porté à nos initiatives, Jacques Attali pour son précieux éclairage, Christian Streiff, Xavier Bertrand, Stéphane Perrin, Christine Serval, Juliette Kopp, Catherine Moste, Christophe André, Olivier Desmarescaux, Jacques Berger, Anne-Sophie Panseri, Sylvie Guinard, Laurent Fiard, Laurent Perraud, Michel de Rovira, Serge Trigano, Vincent Prolongeau, Chris Ruane, Tim Ryan, Bill George, Guillaume Gauthereau et tant d'autres. Qu'ils me pardonnent si je ne mentionne pas leur nom.

À ces « explorateurs et exploratrices audacieux(ses) » en entreprises qui ont osé nous écouter, s'investir dans nos recherches scientifiques et croire en nos programmes pilotes, nous permettant ainsi de construire et d'ajuster ce modèle du Leader positif.

À ces chercheurs, enseignants et sages sans lesquels nous n'aurions pu démontrer les bases scientifiques du Leader positif : Soufyane Frimousse, David Autissier, Jean-Marie Peretti, Rebecca Shankland, Dominique Steiler, Thierry Nadisic, Pierre-Marie Lledo, Marion Trousselard, Perla Kaliman, Sonja Lyubomirsky et son fantastique Positive Lab, Mihaly Csikszentmihalyi, Richard Boyatzis, Robert Biswas Diener, Kim Cameron, Martin Seligman, sans oublier Geneviève Hamelet, Jon Kabat-Zinn, Saki Santorelli, Thich Nhat Hanh, Dat Phan…

À notre formidable équipe dans et autour de l'Institut français du leadership positif, aux adhérents et abonnés sur les réseaux sociaux, chaque semaine plus nombreux. Vos contributions et encouragements sont notre premier carburant ! Un merci particulier à Mathilde et Céline pour leur enthousiasme et leur perspicacité. Saluons aussi la confiance accordée par l'équipe d'Arcanéo et du Congrès HR, menée par Sophie Delpuech.

À Marie Pic-Pâris Allavena, Élodie Bourdon et Julie Bouillet, des éditions Eyrolles, pour leur attention et leur confiance. Leurs conseils me furent très utiles.

À mes parents, qui ont toujours été un inestimable terreau de sagesse, de bienveillance et d'amour inconditionnel.

Ma profonde reconnaissance va enfin à Sophie, mon épouse, Anaé, Alexandre et Arthur, nos trois enfants, pour leur soutien, leur questionnement aussi et leur patience pendant ces longs week-ends où je me suis investi dans cette aventure d'écriture. Sophie pour son support sans faille, ses conseils toujours pertinents, son immense sagesse et son amour infini. Quelle chance ai-je de vivre à vos côtés à chaque instant de ma vie.

Merci !

Yves Le Bihan

Dépôt légal : janvier 2022
Imprimé en Allemagne par BoD

9 782212 563955